AF305892

RECUEIL

DES

PRINCIPAUX CHANTS ROMAINS

DES OFFICES DE L'ÉGLISE

HARMONISÉS

PAR A. KLING

Organiste de la Paroisse Saint-Vincent-Saint-Fiacre

A NANCY

Ancien élève de M. Hess

ET NOTÉS PAR

L'Abbé Th^{le} DIDRIT

Curé de Malleloy, par Leyr (Meurthe-et-Moselle).

SELON SA MÉTHODE D'ACCOMPAGNEMENT DU PLAIN-CHANT

Laudate Deum in organo (Ps. CL).
Louez Dieu sur l'orgue.

———×———

Prix : 6 fr., et franco 6 fr. 15 c.

———×———

MALLELOY, CHEZ L'AUTEUR

NANCY, THOMAS ET PIERRON, LIBRAIRES, 112, RUE ST-DIZIER,

VAGNER, LIBRAIRE, 3, RUE DU MANÉGE,

1877

NANCY. — TYP. & LITH. J. ROYER

1877

PRÉFACE.

Notre méthode d'accompagnement du Plain-Chant consistant :
1º à écrire les accords avec une notation abrégée qui permet à tout le monde, même aux personnes qui ne connaissent pas les notes du plain-chant, de lire l'accompagnement à première vue sans difficulté et 2º à indiquer trois moyens très-simples qui mettent à même le premier venu, après cinq ou six semaines d'exercices sérieux et fréquents, d'exécuter sans faire de fautes d'harmonie l'accompagnement tel que nous l'avons écrit, comme si l'organiste compositeur l'exécutait lui même, il s'en suit que le Recueil de plain-chant harmonisé que nous publions est indispensable à toute personne voulant se servir de notre Méthode et très-utile aussi aux élèves-organistes qui étudient les méthodes ordinaires d'accompagnement ainsi qu'aux personnes qui, sachant toucher du piano, voudraient également savoir accompagner comme il faut le plain-chant. Il leur suffira avec notre ouvrage de connaître notre notation abrégée sans être obligées d'apprendre les notes du plain-chant.

Maintenant, puisque cet ouvrage peut aider à former en peu de temps et à peu de frais des organistes-accompagnateurs reconnus si utiles pour la bonne exécution du chant aux offices de l'Église, qu'il nous soit permis de souhaiter, dans l'intérêt des paroisses de campagne, de le voir agréé de nos confrères et des amateurs de musique religieuse.

Observations importantes à connaître
au sujet de cet ouvrage.

1º Nous ferons d'abord remarquer que bon nombre d'organistes des plus distingués, après des études approfondies sur le chant Grégorien, admettent

II

que le plain-chant ne doit pas être accompagné comme la musique moderne, parceque toute harmonie doit être basée sur la mélodie qu'elle accompagne. Or le Plain-Chant a une mélodie qui lui est propre, bien différente de la mélodie de la musique moderne. Donc le plain-chant doit avoir un accompagnement tout particulier qui n'altère pas, qui ne dénature pas sa mélodie.

L'accompagnement que nous offrons à l'organiste des Campagnes, a été composé avec soin, par M^r. A. Kling organiste de la Paroisse St. Vincent-St.-Fiacre à Nancy, ancien élève de M^r. C. H. Hess, organiste aussi, très-distingué de la Cathédrale de la même ville, l'un et l'autre possédant très-bien la science de l'harmonie véritable du chant religieux.

Ce sont là des titres qui feront apprécier notre Recueil de chants harmonisés, et qui le recommandent pour être placé avec avantage, comme modèle d'études, sous les yeux des élèves-organistes.

2°. On remarquera que nous nous sommes servi exclusivement de notes carrées d'un bout à l'autre de notre recueil. En voici la raison : malgré nos démarches et nos instances, nous n'avons pu obtenir de qui de droit l'autorisation d'écrire le plain-chant tel qu'il est dans le Graduel et l'Antiphonaire de la Commission de Reims et de Cambrai, c'est-à-dire avec les notes longues et les notes brèves ainsi que la coupure des phrases. — Voila pourquoi nous avons écrit l'accompagnement avec des notes carrées, et peu de barres marquant les repos. — Cet inconvénient n'est pas très-grand et n'est pas sans remèdes non plus ; car l'oreille exercée de l'organiste y suppléera facilement en écoutant les chantres ; ou si l'on préfère on complétera la notation à l'aide des livres ordinaires de chants, une fois pour toutes au fur et à mesure que l'on aura besoin de tel ou tel morceau de chant.

3°. Bien des personnes nous ont exprimé le désir de nous voir publier tout le Graduel et tout l'Antiphonaire harmonisés. Nous aurions bien voulu obtempérer à leur désir ; mais nous n'avons osé tenter une pareille entreprise : d'abord parceque ce travail eut coûté fort cher, et ensuite parceque nous n'étions nullement assuré de réussir, attendu que l'on se défie toujours des nouveautés. — Pour tous ces motifs, nous avons préféré faire moins et pourtant faire un ouvrage utile aux paroisses, et je dirai presque suffisant, nous réservant de compléter plus tard notre œuvre, lorsque l'expérience nous aura fait connaître ses chances de succès. En attendant, nous allons indiquer un moyen de compléter autant que possible notre travail.

4.° Tel morceau de chant manque dans notre recueil, et vous aimeriez d'en avoir l'accompagnement ? si vous n'êtes pas initié à la science de l'harmonie du plain-chant, priez un musicien de votre connaissance de vous indiquer l'accompagnement dans votre livre de chant de cette manière :

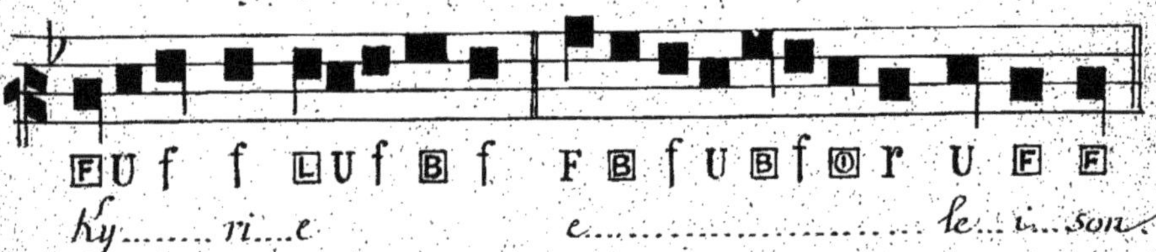

Voici la signification de ces signes : 1.° Le petit carré blanc renfermant une lettre indiquera toujours qu'il faut jouer la première position de la note dont la lettre est l'initiale du nom. [U 1ère position d'Ut ; R 1ère position de Ré ; M 1ère position de Mi ; F 1ère position de Fa ; S 1ère position de Sol majeur ; O 1ère position de Sol mineur ; L 1ère position de La ; C 1er renversement de C ; B 1ère position de Si bémol.] 2.° Chaque lettre minuscule indiquera qu'il faut jouer la 2ème position de la note qu'elle représente [u, 2ème position d'ut ; r, 2ème position de ré ; m, 2ème position de mi ; f, 2ème position de fa ; s, 2ème position de sol majeur ; o, 2ème position de sol mineur ; l, 2ème position de la ; b, 2ème position de si bémol), pour accompagner la note au-dessous de laquelle cette lettre minuscule se trouve. 3.° Chaque lettre majuscule indiquera qu'il faut jouer la 3ème position de la note qu'elle représente [U, 3ème position d'Ut ; R, 3ème position de Ré ; M, 3ème position de Mi ; F, 3ème position de Fa ; S, 3ème position de Sol majeur ; O, 3ème position de Sol mineur ; L, 3ème position de La ; B, 3ème position de Si bémol); pour accompagner la note au-dessous de laquelle se trouve cette lettre majuscule.

Cette simple indication écrite ainsi dans un livre ordinaire de chant, pourrait suffire pour un accompagnateur déjà habitué à jouer de l'harmonium. Mais si cette notation offre quelques difficultés pour les organistes peu exercés, vous pourrez la transcrire vous-même sur des portées à la place des notes, de cette manière :

Comme accompagnement plus commode à écrire pour l'organiste nous indiquons encore les deux suivants :

En voici l'explication : 1ᵒ quand il n'y a aucun signe au-dessus ou au-dessous d'une note, cela veut dire que cette note appartient à une 1ᵉʳᵉ position; 2ᵒ le trait vertical indique que la note placée au-dessous de ce trait, appartient à une 2ᵉᵐᵉ position; 3ᵒ le point placé au-dessus ou au-dessous d'une note, indique que cette note appartient à une troisième position, la note du chant étant jouée toujours avec le petit doigt. (Voir notre méthode d'accompagnement). — Dans la 2ᵉᵐᵉ partie du Kyrie les signes d'accompagnement occupent la place des notes dont on devra jouer l'accord pour accompagner la note du chant qui se trouve au-dessus de chaque signe. Cette seconde manière d'indiquer l'accompagnement pourrait également suffire pour accompagnateur déjà exercé.

Trois Règles d'harmonie.

Pour les personnes qui n'auraient pas d'artiste à leur disposition, nous allons indiquer trois des principales règles d'harmonie, à l'aide desquelles, elles pourront accompagner ou écrire l'accompagnement des morceaux de chants non contenus dans ce Recueil.

Commencez d'abord par examiner quelle est la finale de votre morceau ; voyez ensuite dans le tableau (page VI.) quelle est sa dominante. Cela fait, appliquez les 3 règles suivantes :

1ère Règle. Employez dans l'accompagnement 1°. les 3 positions de l'accord parfait de la finale ; 2°. les 3 positions de l'accord parfait de la dominante ; et 3°. les 3 positions de l'accord parfait de la sous-dominante.

Exemple : Votre morceau de chant a pour finale ré, et pour dominante la. Employez dans votre accompagnement la 1ère, la 2ème et la 3ème position de l'accord parfait de ré ; puis les 3 positions de la dominante la, et enfin les 3 positions de la sous-dominante sol. (Voir les accords dans notre Méthode.)

2ème Règle.

Évitez d'employer deux mêmes positions de suite, ce serait une faute grave d'harmonie. — Ainsi ne jouez jamais deux 1ères ni deux secondes, ni deux 3èmes positions de suite, à moins d'employer le 1er renversement, ou bien à moins que la note ou les notes qui se suivent soit de même nom, par exemple plusieurs ré, plusieurs fa, plusieurs sol, etc. de suite ; et même dans ce cas on change encore d'accord pour éviter la monotonie.

3ème Règle. Chercher dans l'accompagnement les mouvements contraires, c'est-à-dire qu'en jouant, les deux mains doivent ou se rapprocher ou s'éloigner l'une de l'autre.

N. B. — Pour vous aider à appliquer ces trois règles faciles à comprendre, étudiez dans ce Recueil un ou deux morceaux harmonisés ayant la même finale et la même dominante que celui dont vous voulez écrire l'accompagnement avec la notation abrégée indiquée plus haut.

Ces trois règles sont insuffisantes ; mais en les appliquant on arrive déjà à obtenir un accompagnement supportable.

Des tons ou modes du Plain-Chant.

Puisque nous avons indiqué, à quel mode appartient chacun des morceaux de chant contenus dans ce livre, nous croyons utile de placer ici le tableau des finales et des dominantes des quatorze Modes du Plain-Chant; mais il n'est nullement nécessaire d'étudier, ni de savoir ce tableau.

La finale ou note finale est la note sur laquelle se termine un morceau de chant. Quelques morceaux ont par exception la dominante pour dernière note.

Dans chaque Mode du Plain-Chant, la dominante est la note qu'on y fait entendre le plus souvent. Elle est indiquée dans les livres de chant par le signe ▐ placé au commencement entre la clef et une barre.

Chacune des 7 notes de la gamme est la finale de deux Modes, savoir: 1° d'un mode authentique, et 2° d'un mode plagal. De là quatorze Modes. Les premiers, c'est-à-dire les authentiques ou les nombres impairs 1, 3, 5, 7, etc. appelés aussi modes supérieurs montent plus haut que les seconds, c'est-à-dire les plagaux ou les nombres pairs 2, 4, 6, 8, etc. appelés aussi modes inférieurs, montant moins haut que les premiers.

Modes.	Finales.	Dominantes.	Modes.	Finales.	Dominantes.
1ᵉʳ	ré.	la.	9ème	la.	mi.
2ème	ré.	fa.	10ème	la.	do.
3ème	mi.	do.	11ème	si.	sol
4ème	mi.	la.	12ème	si.	mi.
5ème	fa.	dô.	13ème	do.	sol.
6ème	fa.	la.	14ème	do.	mi.
7ème	sol.	ré.			
8ème	sol.	do.			

__Remarques.__ 1° Le 9ᵉ et le 10ᵉ Mode rentrent dans le 1ᵉʳ et le 2ᵉ; Le 11ᵉ et le 12ᵉ se rencontrent rarement; ils rentrent dans le 3ᵉ et le 4ᵉᵐᵉ; Le 13ᵉ et le 14ᵉ rentrent dans le 5ᵉ et le 6ᵉ.

2°. Les quatre premiers modes sont des tons mineurs, parceque leur première tierce est mineure (1 ton ½). Les quatre suivants sont des tons majeurs, parceque leur 1ère tierce est majeure (2 tons)

3°. Dans les modes impairs, 1er, 3e, 5e, 7e etc. la dominante est la cinquième note à partir de la finale ; excepté quand cette cinquième note est un si qui étant variable ne peut servir de dominante, comme dans le troisième Mode. Dans les modes pairs, 2e, 4e, 6e, 8e, etc. la Dominante est la 3e note à partir de la finale ; excepté le quatrième qui a pour dominante la, parceque le 3e, qui est son authentique, a pour dominante do au lieu de si ; — excepté aussi le 8e qui a pour dominante do au lieu de si, et le 12e qui a pour dominante mi, au lieu de ré, parceque le 11e qui est son authentique a pour dominante sol au lieu de fa, les Modes pairs 2e, 4e, 6e, 8e, etc. ayant leurs dominantes à la tierce au dessous des dominantes des modes impairs, 1er, 3e, 5e, 7e, etc.

4°. Pour trouver le Mode d'un morceau de plain-chant, il considérer deux choses : il faut 1° regarder la finale, c'est-à-dire la dernière note du morceau : elle est ou ré, ou mi, ou fa, ou sol, etc. ; si la finale est ré, on est dans le 1er ou le 2e Mode ; si elle est mi, on est dans le 3e ou le 4e ; si elle est fa, on a le 5e ou le 6e ; si elle est sol, on a le 7e ou le 8e Mode. — Il faut en second lieu regarder si le morceau monte haut ou s'il descend bas. Les Modes impairs, 1er, 2e, 3e, 5e, 7e, etc. montent haut ; on les appelle impairs, supérieurs, principaux, authentiques ; tandis que les modes pairs, 2e, 4e, 6e, 8e, etc. descendent bas ; on les appelle pairs, inférieurs, collatéraux, plagaux. Donc si le morceau descend de plusieurs notes au-dessous de la finale, et s'il ne monte pas au-dessous de la quinte, on est dans un Mode pair, inférieur, plagal. Dans le cas contraire on est dans un Mode impair,

supérieur, authentique. Quelques difficultés pourront cependant se pré-
senter, parcequ'il y a des pièces de chant irrégulières.

Avis
indispensables à lire.

1.°   Dans le présent ouvrage d'accompagnement, 1.° chaque
note blanche renfermant une lettre indique toujours qu'il faut jouer
la 1.ère position de l'accord parfait de cette note sur le clavier; 2.°
Chaque note noire (sans crans) renfermant une lettre, indique toujours
qu'il faut jouer la 2.ème position de l'accord parfait de la note dont
la lettre inscrite est l'initiale du nom. 3.° Chaque note crénelée renfermant une lettre indique toujours qu'il faut jouer la 3.ème position
de l'accord parfait de la note dont la lettre inscrite est l'initiale
du nom. Il n'y a pas autre chose à savoir pour accompagner le
plain-chant à l'aide du présent Recueil de chants harmonisés.
(Voir plus loin l'explication des signes représentant les accords, page X).

2.°   Dans cet ouvrage, l'accompagnement de tous les
morceaux de chants est écrit sans transposition avec les accords qui
conviennent à chacun des Modes usités en plain-chant; mais alors
nous avons dû indiquer en tête d'un certain nombre de morceaux
de chant de combien de tons ou de demi tons il faudrait abaisser ou
hausser le clavier-transpositeur, pour que l'on ne chante ni trop
haut, ni trop bas. — Chacun sera libre de se conformer à nos
indications ou de les modifier.

    Quand donc l'indication sera la suivante : _ab Ré,_
cela voudra dire : abaisser le clavier en le poussant à gauche,
assez pour mettre _ré_ devant la syllabe _ut_ inscrite sur la légende ou

liste des notes placées au-devant du clavier-transpositeur ; si l'indication est la suivante : h. Si ; haussez le clavier en le poussant à droite assez pour amener Si devant la syllabe ut de la légende. En un mot, la note indiquée en marge d'un morceau de chant, doit être amenée devant la syllabe ut écrite sur la légende au-devant du clavier transpositeur de l'harmonium.

3°. La note du chant doit être jouée toujours ou presque toujours avec le petit doigt de la main droite, puisqu'elle est la plus haute dans les accords.

4°. Nous rappelons aux commençants qu'en accompagnant il faut doubler la basse surtout dans les accords de la tonique.

Pourtant d'excellents organistes sont d'avis qu'il ne faudrait pas constamment doubler la note de la basse parceque l'accompagnement serait lourd. Alors voici ce qu'ils recommandent d'observer : c'est de chercher les mouvements contraires, c'est-à-dire que quand la main droite montera la main gauche devra descendre et s'éloigner de la droite pour jouer la basse ; réciproquement quand la main droite descendra la main gauche devra monter et se rapprocher de la droite pour jouer la basse. Pour bien comprendre cette recommandation, voir dans notre Méthode, page 31, la basse de l'accompagnement du 1er Kyrie du 6e ton.

5°. Quand on finit, c'est la note la plus basse jouée par un doigt de la main gauche que l'on doit faire entendre la dernière.

Il peut arriver qu'un chantre peu exercé entonne soit plus haut soit plus bas que le ton donné par l'harmonium. L'organiste-accompagnateur répondrait alors le ton juste ; ou s'il préfère, il abaisserait ou il hausserait le clavier assez pour être à l'unisson avec les chantres.

Voir de plus amples renseignements dans notre Méthode, et surtout les trois moyens qui y sont expliqués pour trouver facilement et promptement tous les accords sur le clavier.

Nous rappelons ici ce que nous avons dit dans notre Methode, à savoir : 1°. qu'il n'est nullement nécessaire de connaître ni les clefs, ni les accidents, ni même les notes du plain-chant, pour accompagner à l'aide de ce Recueil.

2°. Qu'il n'est point nécessaire non plus, pour se servir de cet ouvrage d'apprendre par cœur les différents accords usités dans l'accompagnement du plain-chant ; mais qu'il suffit d'apprendre comment on joue sur le clavier ▩ la 1ère position ▨▨ ▨ N ▨ la 2ème position ▨ · N ▨ ▩ la 3ème position N ▨ ▨ de l'accord parfait

Explication
des trois sortes de signes employés dans cet ouvrage pour représenter les notes.

—— 1ères Positions ——

U	R	M	F	S	O	L	B
1ère position d'Ut.	1ère position de Ré.	1ère position de Mi.	1ère position de Fa.	1ère position de Sol majeur.	1ère position de Sol mineur.	1ère position de La.	1ère position de Si bémol.

—— 2èmes Positions ——

U	R	M	F	S	O	L	B
2ème position d'ut.	2ème position de ré.	2ème position de mi.	2ème position de fa.	2ème position de sol majeur.	2ème position de sol mineur.	2ème position de la.	2ème position de si bémol.

—— 3èmes Positions ——

U	R	M	F	S	O	L	B
3ème position d'Ut.	3ème position de Ré.	3ème position de Mi.	3ème position de Fa.	3ème position de Sol majeur.	3ème position de Sol mineur.	3ème position de La.	3ème position de Si bémol.

GRADUEL

à l'Aspersion de l'eau bénite.

(1) ab. Ré♯ signifie abaisser Ré♯ devant la syllabe UT inscrite sur le devant du clavier.

AU TEMPS PASCHAL.

MESSE DU 1er TON DE DUMONT.

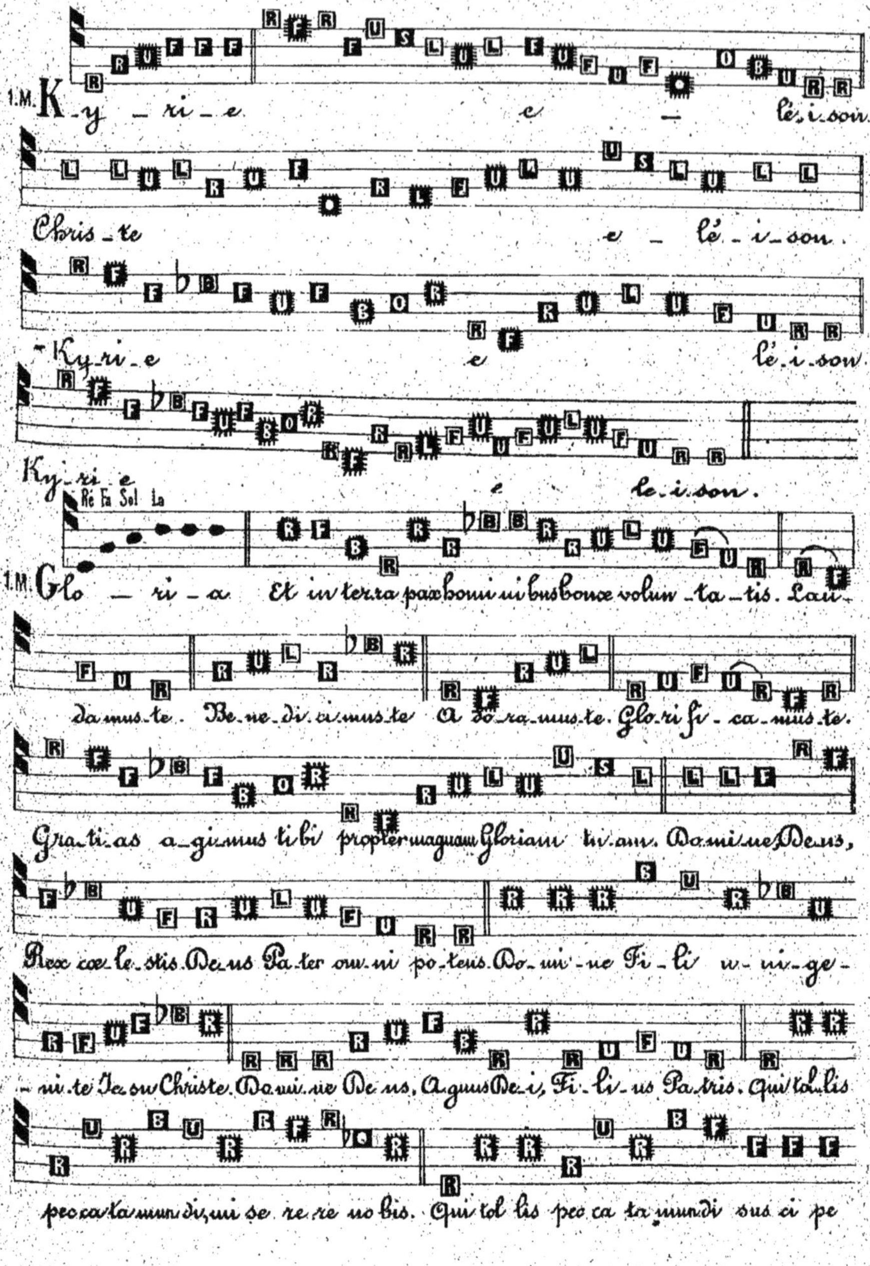

1.M. Ky _ ri _ e   e _ lé _ i _ son.

Chris _ te   e _ lé _ i _ son.

Ky _ ri _ e   e   lé _ i _ son.

Ky _ ri _ e   e   le _ i _ son.

Re Fa Sol La

1.M. Glo _ ri _ a   Et in terra pax homi ni bus bonæ volun _ ta _ tis. Lau _

da mus te. Be _ ne _ di _ ci mus te. A do _ ra _ mus te. Glo ri fi _ ca _ mus te.

Gra _ ti _ as a _ gi mus ti bi propter magnam Gloriam tu _ am. Do _ mi ne Deus,

Rex cœ _ le _ stis Deus Pa _ ter om _ ni po _ tens. Do _ mi _ ne Fi _ li w _ ni _ ge _

_ ni _ te Je _ su Christe. Do _ mi _ ne De _ us, A _ gnus De _ i, Fi _ li _ us Pa _ tris. Qui tol _ lis

pec ca ta mun di, mi se _ re _ re no bis. Qui tol lis pec ca ta mundi sus ci pe

4
de pre ca ti o nem nostram Qui se des ad dex teram Pa tris mi se re re
no bis. Quo ni am tu so lus sanc tus, Tu so lus Dominus. Tu so lus Al tis
simus Je su Christe. Cum sancto spi ri tu in glo ri a Dei Pa tris.
a men.
Ré fa Sol La
1.M Cre do Pa trem omni po tentem factorem coeli et ter ræ vi si bi li um
om ni um et in vi si bi li um. Et in u nam Do mi num Jesum Christum
Fi li um Dei u ni ge ni tum; Et ex Pa tre natum ante om ni a sæ cu la.
Deum de De o lumen de lu mi ne Deum verum de De o vero; Ge ni tum
non fac tum consubstanti a lem Pa tri per quem Omni a facta sunt Qui propter
nos ho mi nes et propter nostram Salutem Des cen dit de coe lis. Et in car

na tus est de Spi ri tu Sancto ex Maria Virgi ne. Et Homo factus est.
Cru ci fi xus e tiam pro nobis sub pontio Pi la to passus et se pul tus est.
Et re sur re xit tertia di e se cun dum Scriptu ras; Et as cen dit in
coe lum se det ad dex te ram Pa tris. Et i te rum venturus est cum glo ri a
Ju di ca re vi vos et mortuos cujus re gnum non e rit fi nis. Et in spi ri tum
Sanctum Dominum et vi vi fi cantem qui ex Pa tre fi li o que pro ce dit Qui cum
Pa tre et Fi li o si mul adoratur et conglo ri fi ca tur qui lo cutus est
per Pro phe tas. Et u nam Sanctam Catholicam et A posto li cam Ec cle si am
Con fi te or u num Baptisma in re mis si o nem pec ca to rum
Et ex pecto re surrecti o nem mortuo rum. Et vitam venturi sae cu li

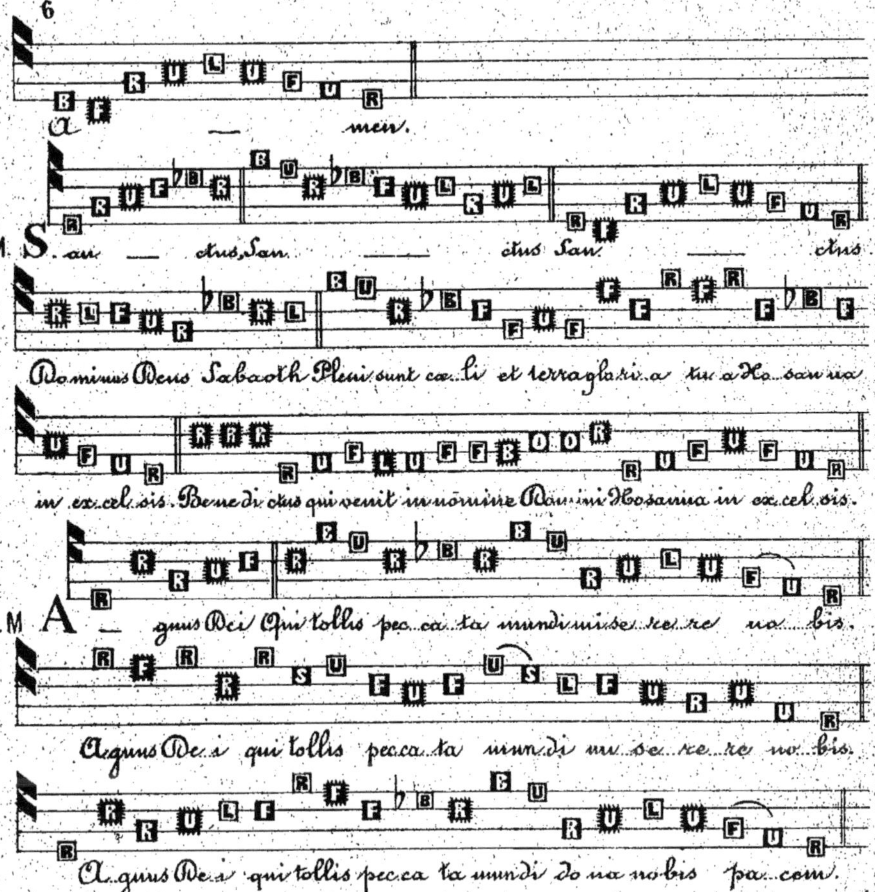

6

MESSE du 2ᵉ TON de H. DUMONT

Hausser le clavier au moins
d'un ton pour toute cette
messe.

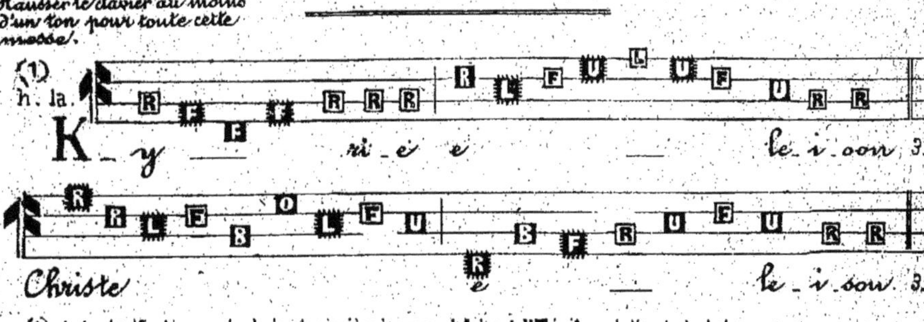

(1) h. la signifie hausser le clavier de manière à amener **LA** devant **UT** écrit sur la légende du clavier.

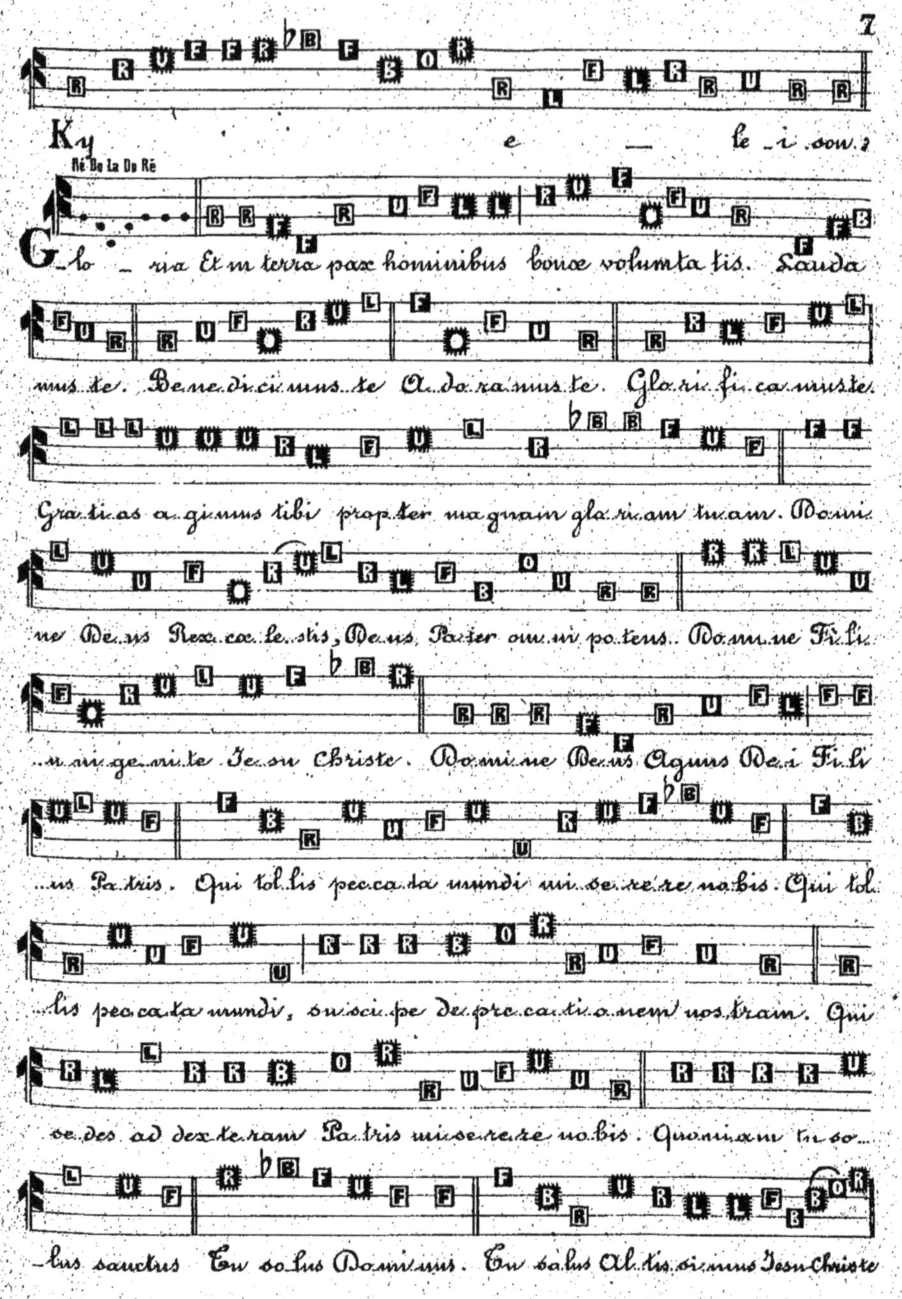
Ky
e — le _ i _ son
Ré Do La Do Ré
G_lo _ ria Et in terra pax hominibus bonae volumta tis. Lauda
mus te. Benedicimus te. Adoramus te. Glorificamus te.
Gratias agimus tibi propter magnam glariam tuam. Domi
ne Deus Rex caelestis, Deus Pater omni potens. Domine Fili
unigenite Jesu Christe. Domine Deus Agnus Dei Fili
us Patris. Qui tollis peccata mundi miserere nobis. Qui tol
lis peccata mundi, suscipe deprecationem nostram. Qui
se des ad dexteram Patris miserere nobis. Quoniam tu so
lus sanctus. Tu solus Dominus. Tu solus Altissimus Jesu Christe

Cum sancto Spiritu, in gloria Dei Patris a ___ men

Re Do La Do Ré

Credo Patrem omni potentem, factorem cœli et terræ

visibilium omnium, et invisibilium. Et in unum Dominum,

Jesum Christum Filium Dei unigenitum: Et ex Patre

natum ante omnia sæcula. Deum de Deo lumen de lumine

Deum verum de Deo vero. Genitum non factum consubstantialem

Patri: per quem omnia facta sunt. Qui propter nos homines et

propter nostram salutem Descendit de cœlis. Et incarnatus est de

Spiritu Sancto ex Maria Virgine: Et Homo factus est. Crucifi

xus etiam pro nobis: sub Pontio Pilato passus et sepultus est

Et re sur re xit ter ti a di e se cun dum Scripturas. Et as cen dit
in cælum: Se det ad dex te ram Pa tris. Et i te rum ven tu rus est cum
glo ri a, ju di ca re vi vos et mor tu os: cu jus re gni non e rit fi nis.
Et in Spi ri tum Sanctum Do mi num, et vi vi fi can tem: Qui
ex Pa tre Fi li o que procedit: Qui cum Patre et Fi li o Simul
a do ra tur et con glo ri fi ca tur: qui lo cu tus est per Pro phe tas.
Et u nam sanctam Ca tho li cam, et A pos to li cam Ec cle si am.
Con fi te or u num bap tis ma in re mis si o nem pec ca to rum.
Et ex pec to re sur rec ti o nem mor tu o rum Et vi tam ven
tu ri sæ cu li A men.

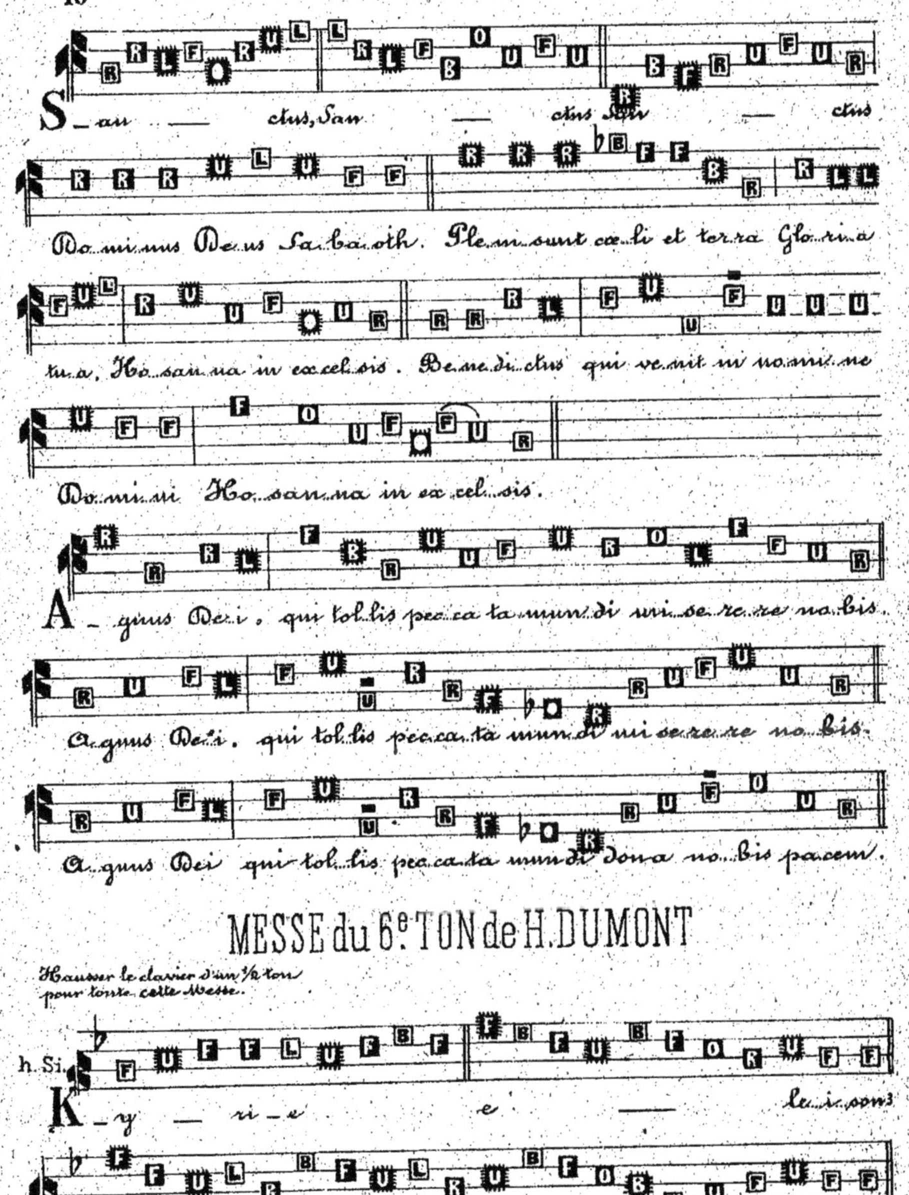
S_ au _____ ctus, San _____ ctus San _____ ctus
Do.mi.nus De.us Sa.ba.oth. Ple.ni.sunt cœ.li et ter.ra Glo.ri.a
ri.a. Ho.san.na in excel.sis. Be.ne.di.ctus qui ve.nit in no.mi.ne
Do.mi.ni Ho.san.na in ex.cel.sis.
A _ gnus De.i. qui tol.lis pec.ca.ta mun.di mi.se.re.re no.bis.
A.gnus De.i. qui tol.lis pec.ca.ta mun.di mi.se.re.re no.bis.
A.gnus De.i qui tol.lis pec.ca.ta mun.di dona no.bis pacem.
MESSE du 6e TON de H.DUMONT
Hausser le clavier d'un ½ ton
pour toute cette Messe.
h.Si.
K _ y _ ri.e e _____ le.i.son3
Christe e _____ le i son3

Fa Sol La
Kyri e e le i son. Ky - ri - e
e le ison.
G lo ri a. Et in terra pax hominibus bonae vo...
luntatis. Laudamus te. Benedicimus te. Adoramus te.
Glorificamus te. Gratias agimus tibi propter magnam
gloriam tuam. Domine Deus Rex coelestis, Deus Pater
omnipotens. Domine Fili unigenite Jesu Christe. Domine
Deus Agnus Dei Filius Patris. Qui tollis peccata mund...
...i miserere nobis. Qui tollis peccata mundi, suscipe
deprecationem nostram. Qui sedes ad dexteram Patris

miserere nobis. Quoniam tu solus sanctus Tu solus Do-

minus. Tu solus altissimus, Jesu Christe. Cum sancto spiritu

in gloria Dei Patris. A........................men

Fa Sol la

__ re...........do. Patrem omnipotentem factorem cæli et terræ

visibilium omnium et invisibilium. Et in unum Domi-

...num Jesum Christum Filium Dei unigenitum. Et ex

Patre natum ante omnia sæcula. Deum de Deo lumen

de lumine, Deum verum de Deo vero. Genitum non

factum, consubstantialem Patri: per quem omnia facta

sunt: Qui propter nos homines, et propter nostram salutem

descendit de cœlis. Et incarnatus est de Spiritu sancto

ex Maria Virgine: Et Homo factus est: Crucifixus e...

...tiam pro nobis: sub Pontio Pilato passus et sepultus est

Et resurrexit tertia die, secundum Scripturas. Et

ascendit in cœlum: sedet ad dexteram Patris. Et

iterum venturus est cum gloria judicare vivos, et

mortuos: cujus regni non erit finis. Et in Spiritum sanc...

...tum Dominum, et vivificantem, qui ex Patre Filioque

procedit. Qui cum Patre, et Filio simul adoratur et con...

...glorificatur: qui locutus est per Prophetas. Et in unam

sanctam catholicam et Apostolicam Ecclesiam Con
fiteor unum baptisma in remissionem peccatorum
Et expecto resurrectionem mortuorum. Et vitam
venturi saeculi. A — men.
San — ctus, San — ctus, San ctus,
Dominus Deus Sabaoth Pleni sunt coeli et terra glo
ria tua: Hosanna in excelsis. Benedictus qui
venit in nomine Domini, Hosanna in excelsis
Agnus Dei, qui tollis peccata mundi miserere nobis.
Agnus Dei, qui tollis peccata mundi miserere nobis.

Agnus Dei, qui tollis peccata mundi dona nobis pacem.

MESSE DES FÊTES DOUBLES

Ky — rie e — leison 3
Christe e — leison 3
Ky — rie e — leison 2
Ky — rie
e — le — ison.
Do Ré Fa
Glo — ri a Et in terra pax homi — ni bus bonæ voluntatis.
Lau da mus te. Benedci mus te. Adora mus te. Glori — fi —
ca mus te. Gratias agimus tibi propter

magnam gloriam tuam. Domine Deus, Rex cœlestis,

De ...us Pa — ter omnipotens. Domine Fili unigenite

Je ...su Chri — ste. Domine Deus, Agnus Dei, Fili

us Pa — tris. Qui tollis peccata mundi mi-se-re-

-re nobis. Qui tollis peccata mundi sus-ci-pe de-pre-ca

ti-o-nem nostram. Qui sedes ad dexteram Pa-tris,

mi-se-re-re nobis. Quoniam tu solus sanctus.

Tu solus Dominus. Tu solus Altissimus Je-su Chri

ste. Cum sancto Spi — ritu in glo-ri-a

Dei Pa — tris. A — men.

CREDO page 28.

S
an — ctus. San — ctus — . San — ctus
Do mi nus De us Sa — ba oth. Ple ni sunt cœ li et ter
ra glo — ri a tu — a, Ho — san — na in —
ex — cel — sis Be ne di ctus qui
ve — nit in nomine Do — mi ni Ho — san
na in ex — cel — sis.
A
gnus De — i qui tol lis pec ca ta — mun
di mi se re — re no — bis. Agnus De i
qui tol lis peccata — mun di mi se re — re
no — bis. Agnus De — i qui tol lis

pec.ca.ta mun.di do.na na _ bis pa _ cem.

FÊTES DE LA Ste VIERGE

1. M.
(mixt)
Ky _ ri.e e _ le i.son

Ky _ ri e _ e _ lei i.son.

Ky _ ri.e e _ lei.son.

Christe e.le _ i.son.Chri _ ste

e _ le.i.son.Christe e.le _ i.son.

Ky _ ri.e e.le. _ i.son

Ky _ ri.e e _ le i son.

Ky _ ri.e

19
7/M (Mixta)
ab Re#
Sol la Sol fa Sol
Kÿ — e — lei son.
Gloria — Et in ter — ra pax ho — mi — ni — bus bonæ
volunta — tis. Lauda — muste. Bene — di ci muste.
A do — ra — muste. Glo ri fi ca — muste. Gra ti as
a — gimus tibi propter magnam glo — ri am tu — am.
Domine De — us Rex cœ — le — stis De — us Pa —
— ter omni potens. Domine Fi li uni ge — ni te,
Jesu Chri — ste. Do — mi ne De — us A — gnus De
— i Fili us Pa — tris. Qui tol lis peccata mundi
mi se re — re no — bis. Qui tol lis peccata mun di

sus- -ci-pe-de-pre-ca-ti-o- -nem no-stram. Qui se des
ad dex-te-ram Pa-tris mi-se-re-re no-bis. Quo-ni-am
tu so-lus san-ctus Tu so-lus Do-mi-nus. Tu so-lus
Al-tis-si-mus Je-su Chri-ste. Cum san-cto spi
-ri-tu in glo-ri-a De-i Pa- tris. A
men   CREDO page 28.
XIIIM
(6)
S
San- -ctus, San-ctus, San- -ctus, Do-mi
nus De-us Sa- ba-oth. Ple-ni sunt coe-li et
ter- -ra glo-ri-a tu-a Ho-san-na in
ex-cel- -sis. Be- -ne-di-ctus qui ve- -nit

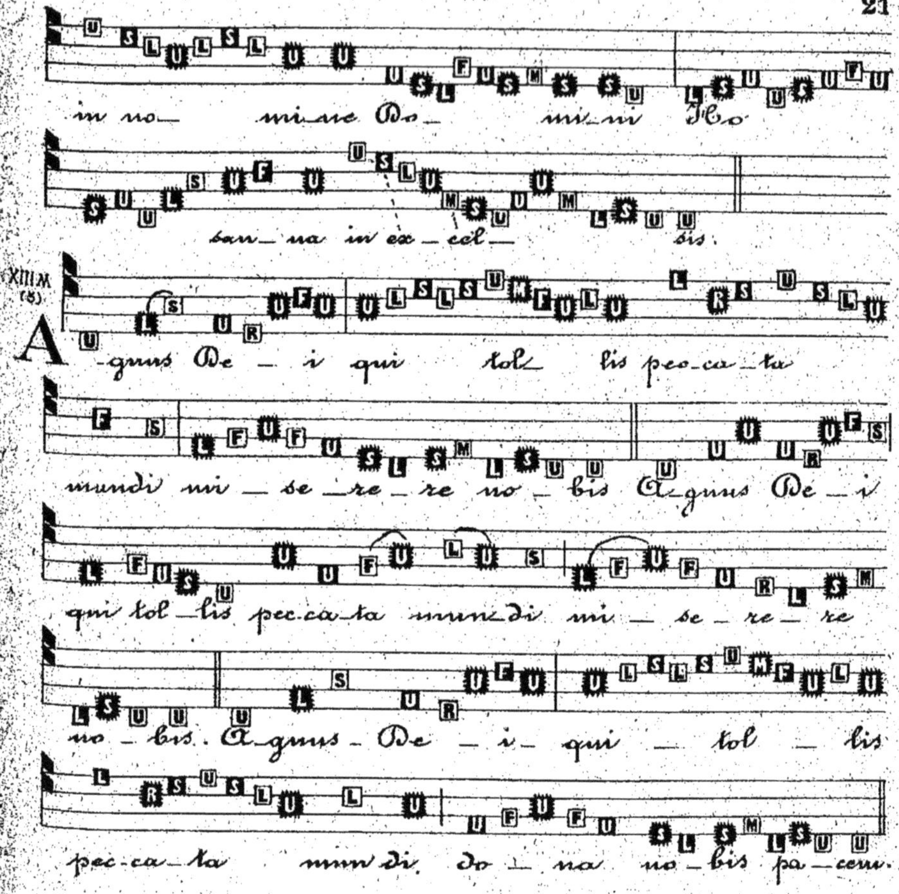

in no_ mi_ne Do_ mi_ni Ho
san_ na in ex_cel_ sis.
XIII M.
(8)
A_gnus De_i qui tol_ lis pec_ca_ta
mundi mi_se_re_re no_bis Agnus De_i
qui tol_lis pec_ca_ta mun_di mi_se_re_re
no_bis. Agnus_De_i_qui_tol_lis
pec_ca_ta mun_di. do_na no_bis pa_cem.

TEMPS PASCAL

8 M.
Ky_ri_e e_ le i son. Chri_ste
_ e _ le_i_son. Ky_ri_e e_

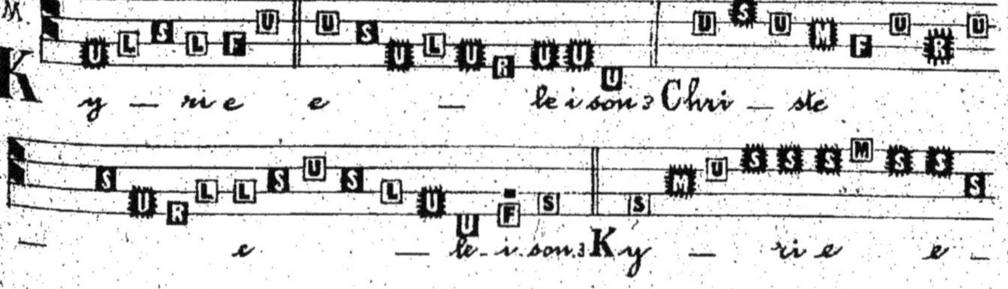

le i son 2 Ky - ri e   e
le i son.
Si la Sol
XIIIM (4) ab.Ré
Glo ria Et in ter ra pax ho mi ni bus bo nae
vo lun ta tis. Lau da mus te Be ne di ci mus te
A do ra mus te. Glo ri fi ca mus te. Gra
ti as a gi mus ti bi propter magnam glo ri am
tu am Do mi ne De us. Rex cæ le stis De us
Pa ter om ni po tens Do mi ne Fi li u ni
ge ni te Je su Christe. Do mi ne
De us A gnus De i, Fi li us Pa tris. Qui tol

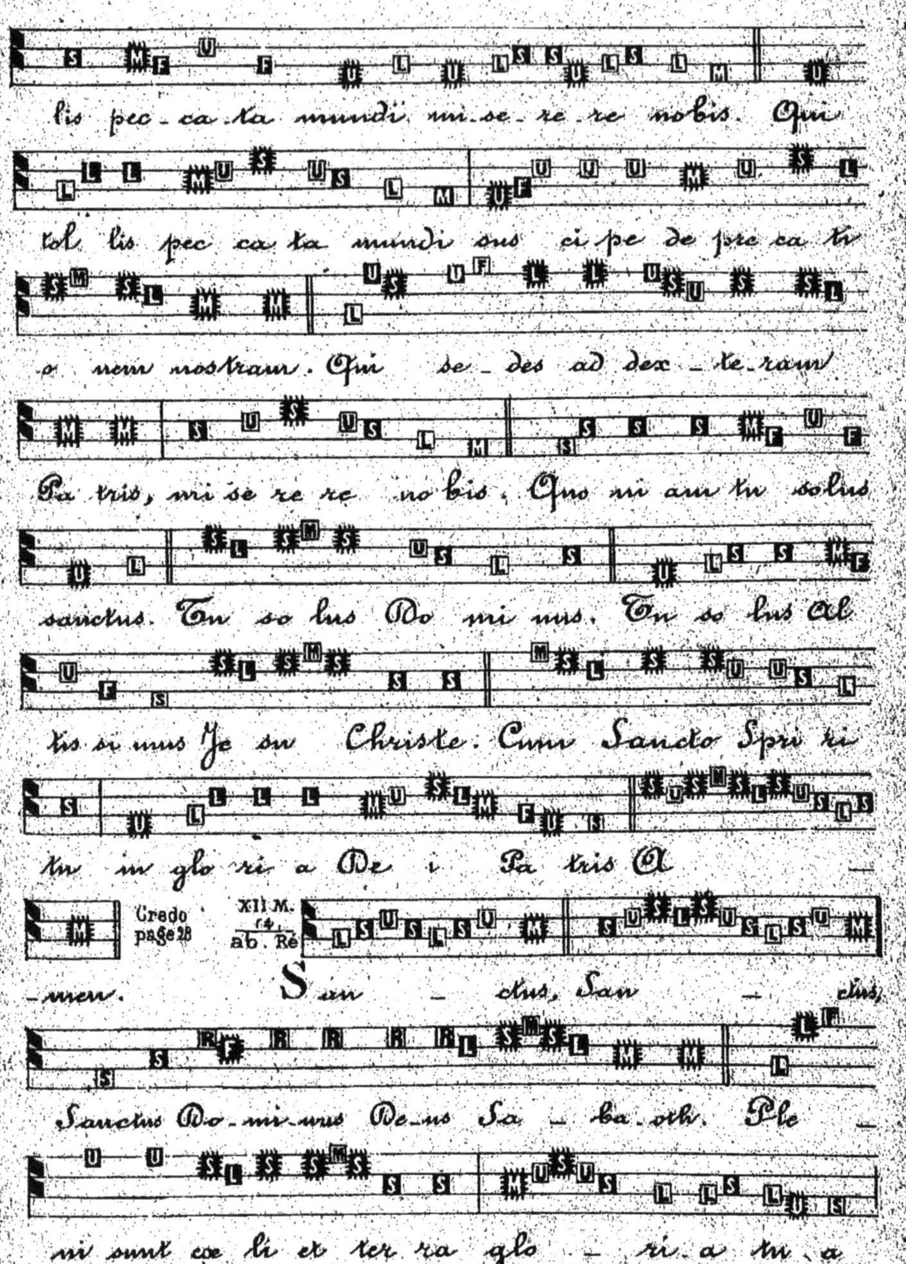

lis pec-ca-ta mundi mi-se-re-re nobis. Qui
tol-lis pec-ca-ta mundi sus-ci-pe de-pre-ca-ti
o-nem nostram. Qui se-des ad dex-te-ram
Pa-tris, mi-se-re-re no-bis. Quo-ni-am tu solus
sanctus. Tu so-lus Do-mi-nus. Tu so-lus Al-
tis-si-mus Je-su Christe. Cum Sancto Spi-ri-
tu in glo-ri-a De-i Pa-tris A-
Credo page 28 XII M. ab. Re
-men. San-ctus, San-ctus
Sanctus Do-mi-nus De-us Sa-ba-oth. Ple-
ni sunt cœ-li et ter-ra glo-ri-a tu-a

Ho - san - na in ex - cel - sis. Be - ne - di - ctus qui
ve - nit in no - mi - ne Do - mi - ni. Ho -
san - na in ex - cel - sis
XII. M.
(4)
ab Ré
A - gnus De - i, qui tol - lis pec - ca - ta
mundi mise - re - re no - bis A -
- gnus De - i qui tol - lis pec - ca - ta mundi
mi - se - re - re no - bis. A - gnus De - i
qui tol - lis pec - ca - ta mundi do - na no -
- bis pa - cem.

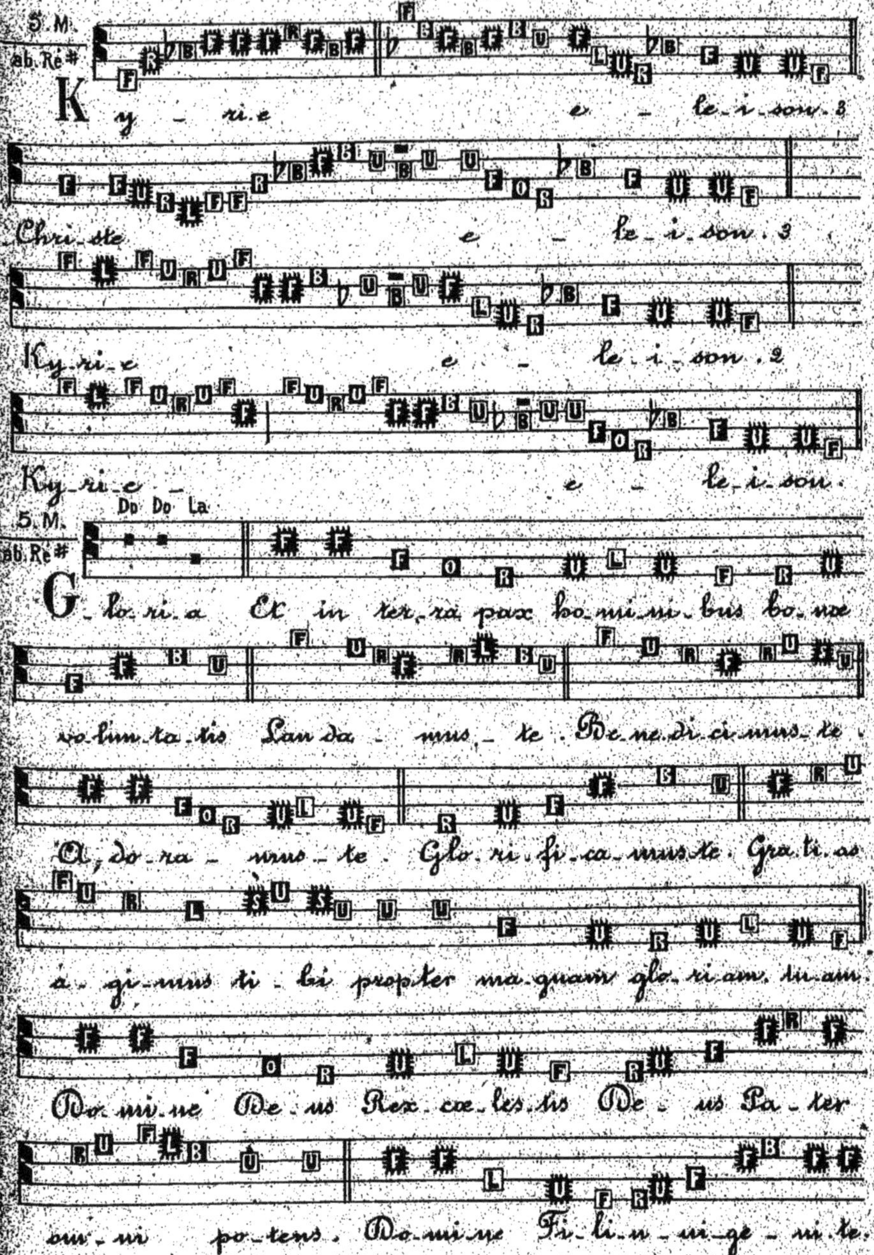

S. M.
ab. Re#

K y - ri e   e - le-i-son. 3

Chri-ste   e - le-i-son. 3

Ky-ri-e   e - le-i-son. 2

Ky-ri-e -   e - le-i-son.

S. M.
ab. Re#

Do Do La

G - lo-ri-a Ex in ter-ra pax ho-mi-ni-bus bo-næ

vo-lun-ta-tis Lau-da - mus - te. Be-ne-di-ci-mus-te

A-do-ra - mus-te. Glo-ri-fi-ca-mus te. Gra-ti-as

a-gi-mus ti-bi propter ma-gnam glo-ri-am tu-am.

Do-mi-ne De-us Rex cœ-les-tis De-us Pa-ter

om-ni-po-tens. Do-mi-ne Fi-li u-ni-ge-ni-te.

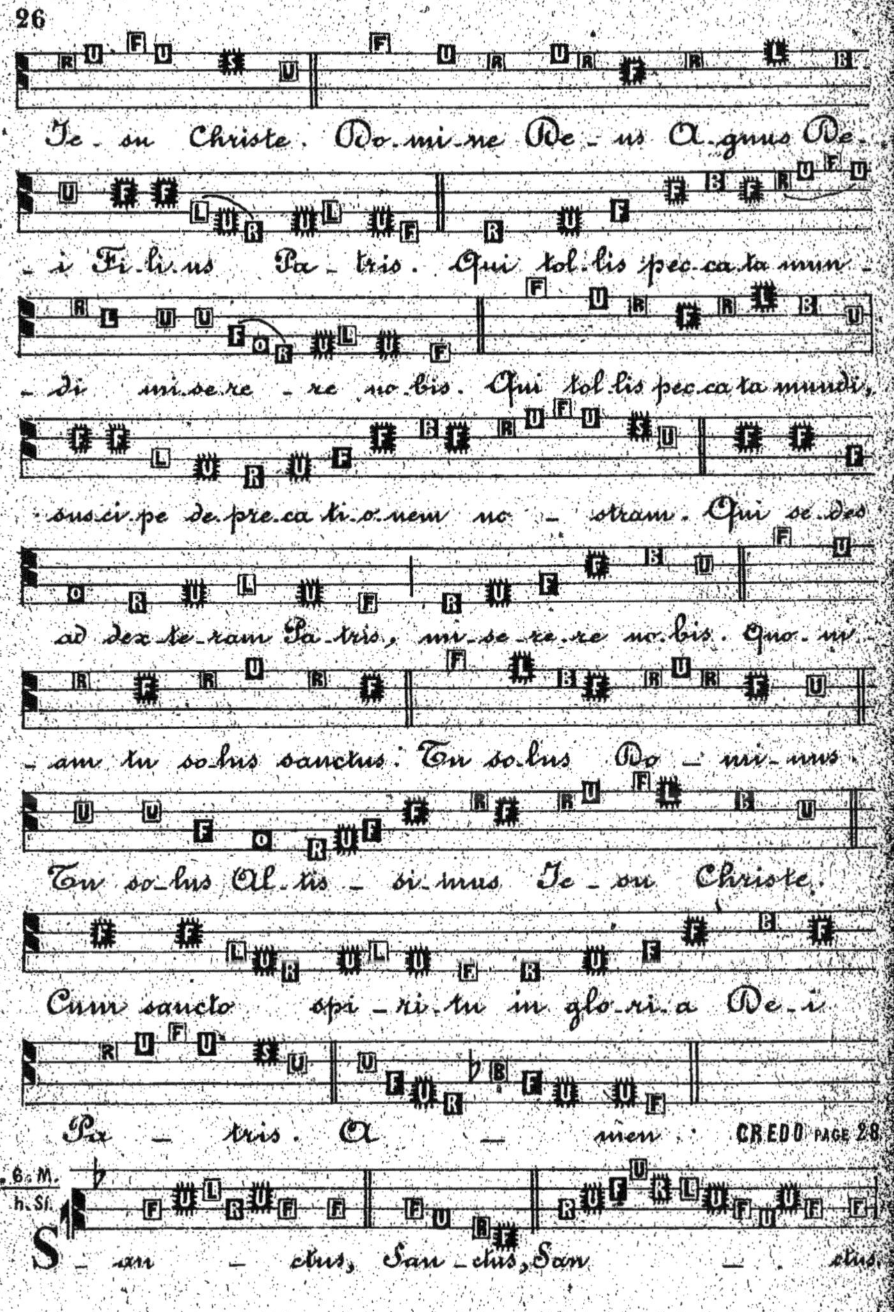
Je - su Christe. Do - mi - ne De - us A - gnus De -
i Fi - li - us Pa - tris. Qui tol - lis pec - ca - ta mun -
di mi - se - re - re no - bis. Qui tol - lis pec - ca - ta mundi,
sus - ci - pe de - pre - ca - ti - o - nem no - stram. Qui se - des
ad dex - te - ram Pa - tris, mi - se - re - re no - bis. Quo - ni -
am tu so - lus sanctus: Tu so - lus Do - mi - nus
Tu so - lus Al - tis - si - mus Je - su Christe.
Cum sancto spi - ri - tu in glo - ri - a De - i
Pa - tris. A - men. CREDO PAGE 28
6. M.
h. Si.
S - an - ctus, San - ctus, San - ctus.

Do - mi-nus De-us sa
ba-oth. Ple-ni-sunt cæ - li et ter - ra
glo - ri-a tu - a Ho-san-na in ex-cel -
tis. Be-ne-di - ctus qui ve - nit in
no-mi-ne Do-mi-ni, Ho-san - na in ex -
cel - sis. A - gnus
De - i qui tol-lis pec - ca - ta mun - di-mi-se-
re - re no - bis. A-gnus De - i
qui tol - lis pec-ca-ta mun - di, mi-se-re-re
no - bis A - gnus De - i

qui tol-lis pec-ca-ta mun-di do-na no-bis
pa-cem.

CREDO. VULGO DE ANGELIS

Cre-do in unum De-um, Pa-trem om-ni-po-tentem
fa-cto-rem cœ-li et ter-ræ vi-si-bi-li-um om-ni-um
et in-vi-si-bi-li-um. Et in u-num Do-mi-num
Je-sum Christum Fi-li-um De-i u-ni-ge-ni-tum.
Et ex Pa-tre na-tum ante om-ni-a sæ-cu-la. Deum de De-o lu-men de lumine De-um ve-rum de
De-o ve-ro. Ge-ni-tum non fa-ctum consubstantia lem

Pa-tri per quem omni-a fa-cta sunt. Qui propter nos
ho-mi-nes et propter nos-tram sa-lu-tem des-cen-dit de coe-lis
Et in-car-na-tus est de spi-ri-tu san-cto ex Ma-ri-a
Vir-gi-ne: Et Ho-mo fa-ctus est. Cru-ci-fi-xus etiam pro no-bis sub Pon-ti-o Pi-la-to, pas-sus et se-
pul-tus est. Et re-sur-re-xit ter-ti-a di-e se-cun-
dum Scriptu-ras. Et as-cen-dit in coe-lum se-det ad
dex-te-ram Pa-tris: Et i-te-rum ven-tu-rus est cum
glo-ri-a, ju-di-ca-re vi-vos et mor-tu-os cu-jus re-gni
non e-rit fi-nis. Et in Spi-ri-tum Sanctum Dominum

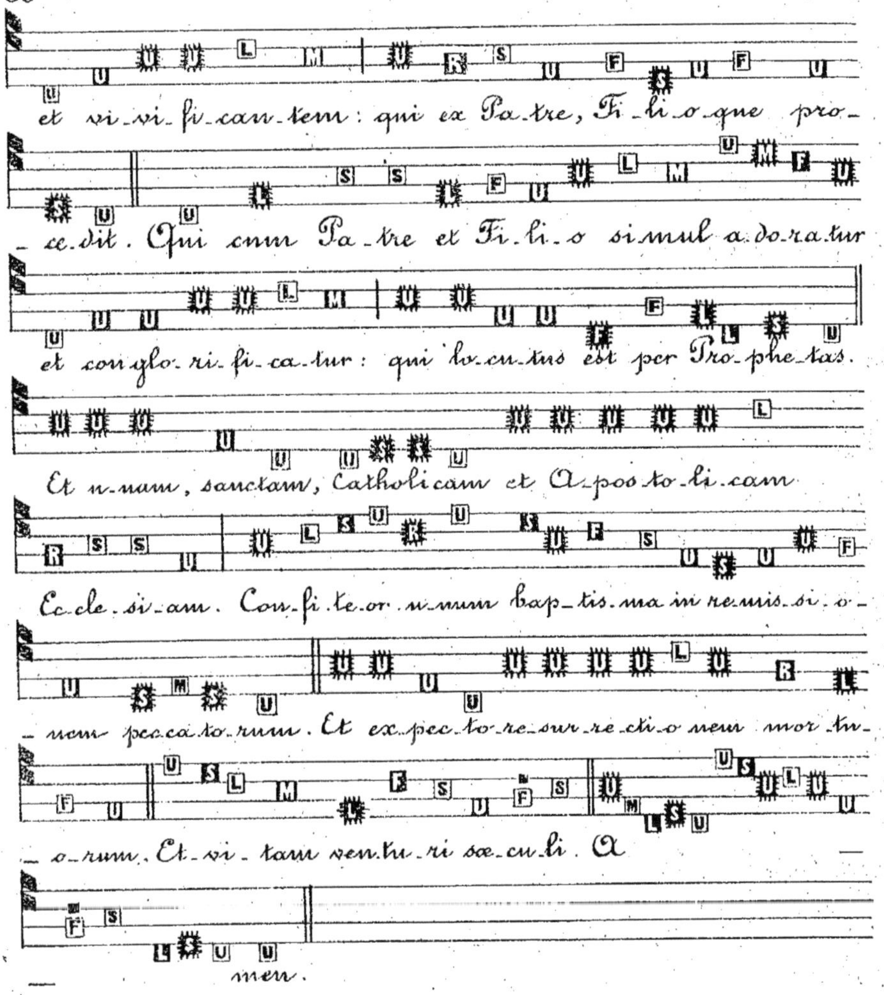
et vi-vi-fi-can-tem: qui ex Pa-tre, Fi-li-o-que pro-
-ce-dit. Qui cum Pa-tre et Fi-li-o si-mul a-do-ra-tur
et con-glo-ri-fi-ca-tur: qui lo-cu-tus est per Pro-phe-tas.
Et u-nam, sanctam, Catholicam et A-pos-to-li-cam
Ec-cle-si-am. Con-fi-te-or u-num bap-tis-ma in re-mis-si-o-
-nem pec-ca-to-rum. Et ex-pec-to re-sur-re-cti-o-nem mor-tu-
-o-rum. Et vi-tam ven-tu-ri sæ-cu-li. A-
-men.

PROSES.

1. M.
Mixte
h. Si b
V-i-cti-mæ Pas-cha-li lau-des Im-mo-lent Christiani

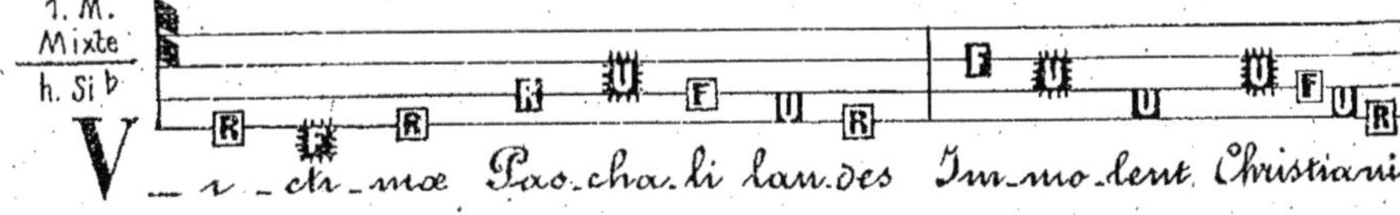

Agnus redemit oves: Christus innocens Patri Recon-
-ciliavit peccatores. Mors et vita, duello con-
-flixere mirando: Dux vitae mortuus regnat vivus.
Dic nobis Maria, quid vidisti in via? Sepul-
-chrum Christi viventis Et gloriam vidi resurgentis
Angelicos testes, Sudarium et vestes. Surrexit
Christus spes mea: Praecedet vos in Galilaeam.
Scimus Christum surrexisse A mortuis vere:
Tu nobis victor Rex miserere. A - men.
Alle - lu - ia.

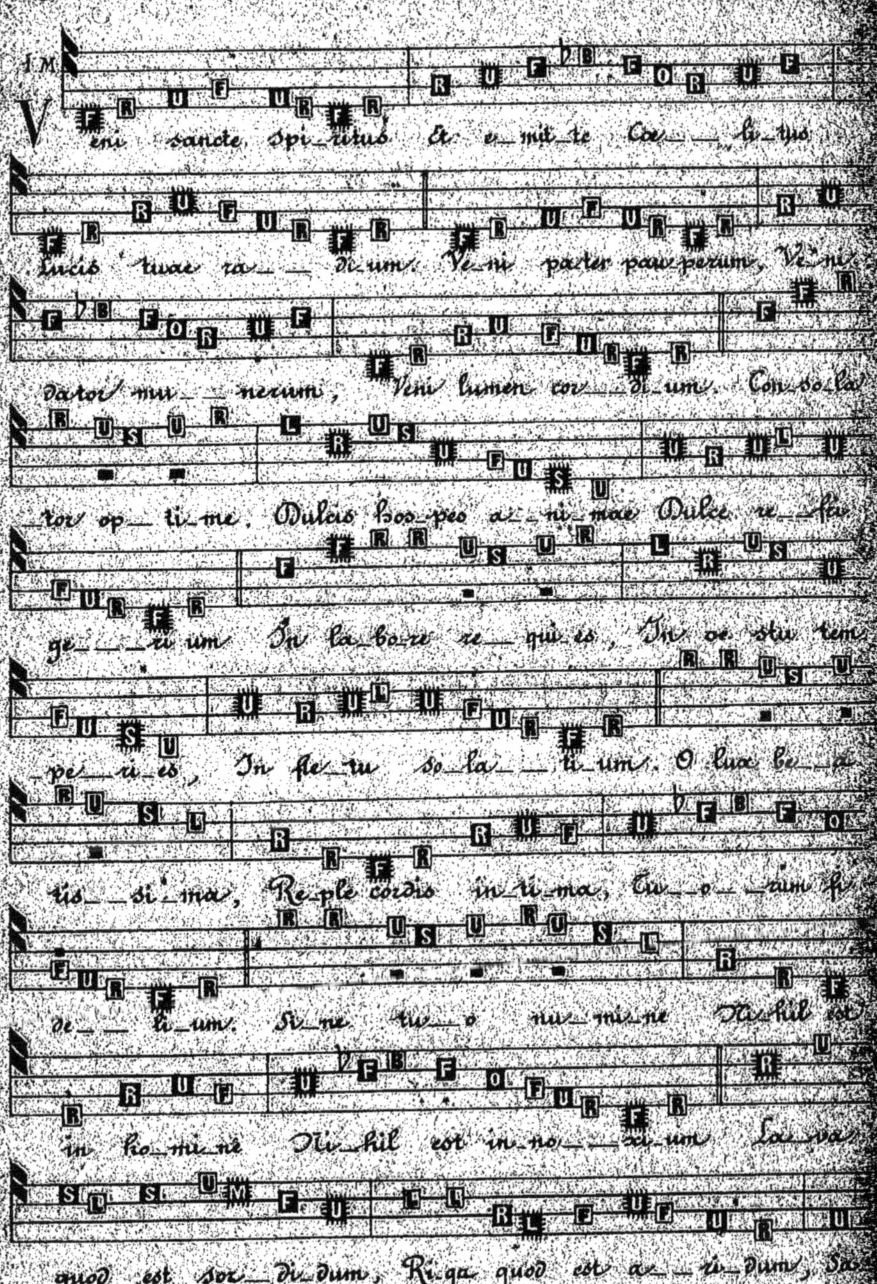
Veni sancte Spiritus Et e-mit-te Coe-li-tus
lucis tuae ra-di-um, Ve-ni pater pau-perum, Ve-ni
dator mu-nerum, Veni lumen cor-di-um, Con-so-la
tor op-ti-me, Dulcis hos-pes a-ni-mae Dulce re-fri
ge-ri-um In la-bore re-qui-es, In ae-stu tem
pe-ri-es, In fle-tu so-la-ti-um, O lux be-a
tis-si-ma, Re-ple cordis in-ti-ma, tu-o-rum fi
de-li-um, Si-ne tu-o nu-mi-ne Nihil est
in ho-mi-ne Ni-hil est in no-xi-um, La-va
quod est sor-di-dum, Ri-ga quod est a-ri-dum, Sa

INTROÏT DE LA FÊTE-DIEU.

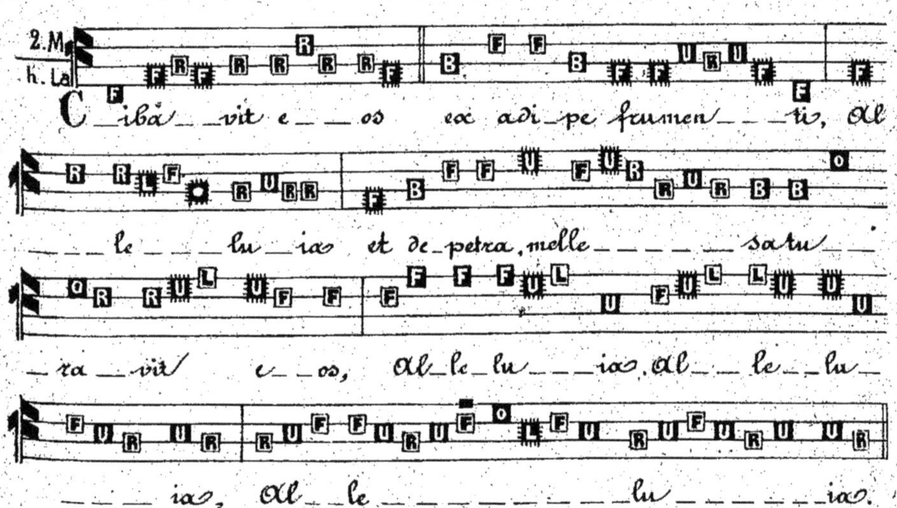

LAUDA SION.

In Gallia cantus vulgaris.   (7ᵉ Mode transposé)

sit so_ _ no ra, Sit ju cunda sit de co ra Mentis ju bi la
no vi_ _ Regis, Novum Paschanovæ le gis Phase _ ve tus ter
ti o. 6. Di es e _ so lemnis a gitur, In quamen_
minat. 8. Ve tu sta tem no _ _ vi tas, Umbram fu gat
prima re_ co_ li tur, Hujus insti tu ti o, 9. Quod in cæ na
ve_ _ _ ri tas, Noctem lux eli mi nat 10. Do cti sa cris
Christus gessit, Fa ci en dum hoc expressit. In su i me mo_
ins ti tu tis ; Pa nem vi num in sa lu tis. Consecramus ho_
ri_ um. 11. Dogma datur, Christi a nis, Quod in carnem transit pa
sti am. 12. Quod non capis, Quod non vides, A ni mosa firmat fi
nis, Et vinum in san guinem 13. Sub di ver sis spe ci e bus,
des, Præ ter re rum or di nem. 14. Ca ro ci bus sanguis potus.
Siguis tantum et non rebus, latent res e xi mi æ. 15. A su
Manet tamen Christus totus, sub u tra que spe ci e. 16. Sumit

men-te non con-ci-sus, Non confractus, non divi-sus, In-te-ger-
u-ni-nus su-munt mille, Quantum iste; tantum ille, Nec sumptus-
ac--ci-pitur. 17. Sumunt boni sumunt ma--li, Sor-te-
con-su-mitur. 18. Mors est malis vi-ta bo---nis, Vi-de-
ta-men i-nae-quali, Vi-tae vel inte-ri-tus. 19. Fracto demum-
pa-ris sumptionis, Quam sit dispar exi-tus. 20. Nulla re i--
sa-cramento, Ne va cil-les sed memen-to Tantum esse sub-
fit sub sura, si gui tantum fit fractura: Qua nec status nec-
fragmento, Quantum to-to--te-gi-tur. 21. Ec-ce pa-nis An-
Statura, Si gna-ti-mic--nui-i-tur. 22. In fi--gu-ris prae-
ge-lo-rum, Fractus ci-bus vi-a-to-rum, Ve-re pa-nis-
si-gna-tur, Cum Isaac im-mo-la-tur, Agnus Paschae-
fi-li-o-rum, Non mit ten duo ca-ni-bus. 23. Bone-
se-pu-ta-tur, Da-tur manna pa-tri-bus 24. In qui-

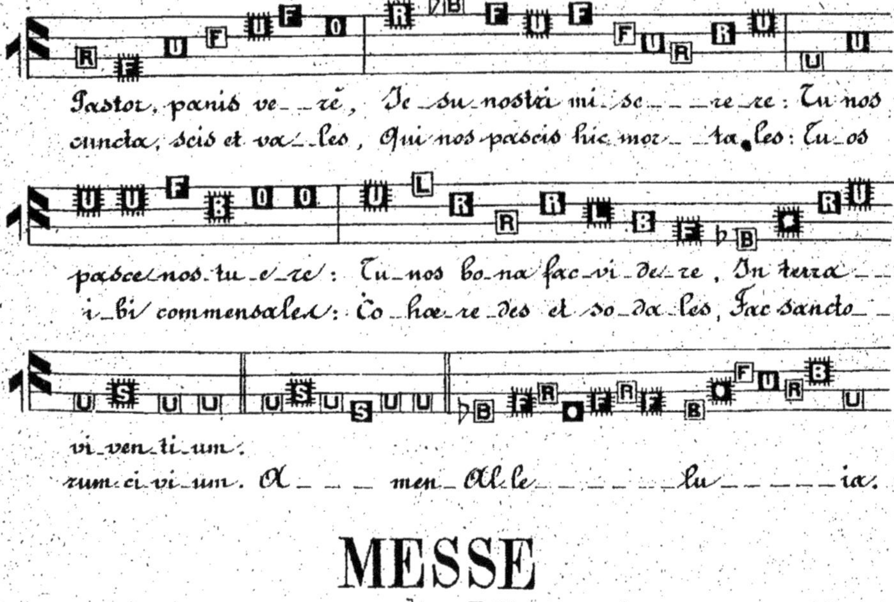

cuncta, scis et va—les, Qui nos pascis hic mor—ta.les: Tu os
i—bi commensales: Co—hae—re des et so—da les, Fac sancto—
rum ci—vi—um. A———men Alle———lu———ia.

MESSE

pour les Défunts.

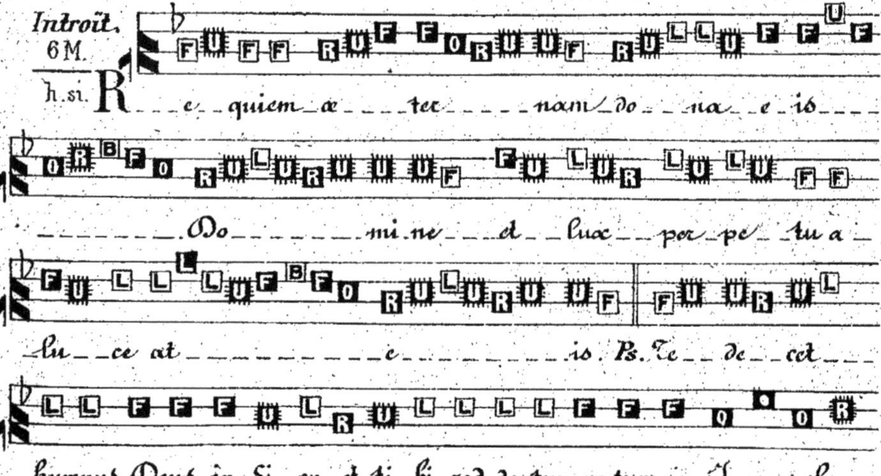

Ex au di o ra ti o nem meam ad te omnis caro ve ni et.
6 M / h.si. K
Ky ri e e le i son. 3. Chri ste
e le i son. 3. Ky ri e e le i son. 2
Ky ri e e le i son.
autre Christe.
autre Kyrie
Christe e le i son. Ky ri e
e le i son.
1 M (mixt) h.si. D
1. Di es i ra, di es il la, Sol vet sæ clum in favil la,
2. Quantus tremor est fu tu rus, Quando ju dex est ven tu rus,
Te ste David cum Si bylla. 3. Tu ba mi rum spar geno so
Cuncta stricte dis cussurus. 4. Mors stupe bit, et na tu
num, Ser se pulchra re gi o num, Co get om nes an
ra, Cum re surget cre al tu ra, Ju di can ti res

te Thronum. 5. Li - ber scriptus pro fe - re - tur, In quo totum
pon su ra . 6. Ju - dex er - go cum se de - bit, Quid quid latet
con ti ne tur, Un - de mun dus ju - di - ce tur 7. Quid sum
ap pa re bit, Nil i nul tum re ma ne bit. 8. Rex tre
mi ser tunc die tu rus? Quem pa tro num ro - ga tu rus?
men dæ ma jes ta tis, Qui sal van dos sal vas gratis,
Cum vix jus tus sit se cu rus? 9. Re cor da re Je
Sal va me, fons pi e ta tis. 10. Quæreus me se - di -
su Pi è, Quod sum causa tu æ vi æ, Ne me per
sti las sus; Re de mis ti crucem passus; Tantus la
das il la di e. 11. Jus te ju dex ul ti o nis,
bor non sit cassus. 12 In ge mis co tanquam re us,
Do num fac re mis si o nis, An te di em ra ti
Cul pa ru ber vultus me us; sup pli can ti par ce

_ o _ nis. 13. Qui Mariam absolvisti, Et latro
_ De _ us. 14. Preces meæ non sunt dignæ: Sed tu bo
_ nem exaudisti, Et Fili quoque spem dedisti.
_ nus fac benignè, Ne perenni cremer igne.
15. Inter oves _ lo _ cum præsta, Et ab hædis me sequestra,
16. Confutatis _ ma _ le _ dictis, Flammis acribus addictis,
Sta tu ens in _ parte dextra. 17. Oro supplex
Vo ca me _ cum _ be ne dic tis.
et _ accli _ nis, Cor _ contritum quasi ci nis _ , Ge re
cu ram mei fi nis _ . 18. Lacrymo sa _ dies il la,
Qua re sur get ex _ fa vil la. 19. Judicandus _
_ ho _ mo re us _ , Huic er go par _ ce De us,

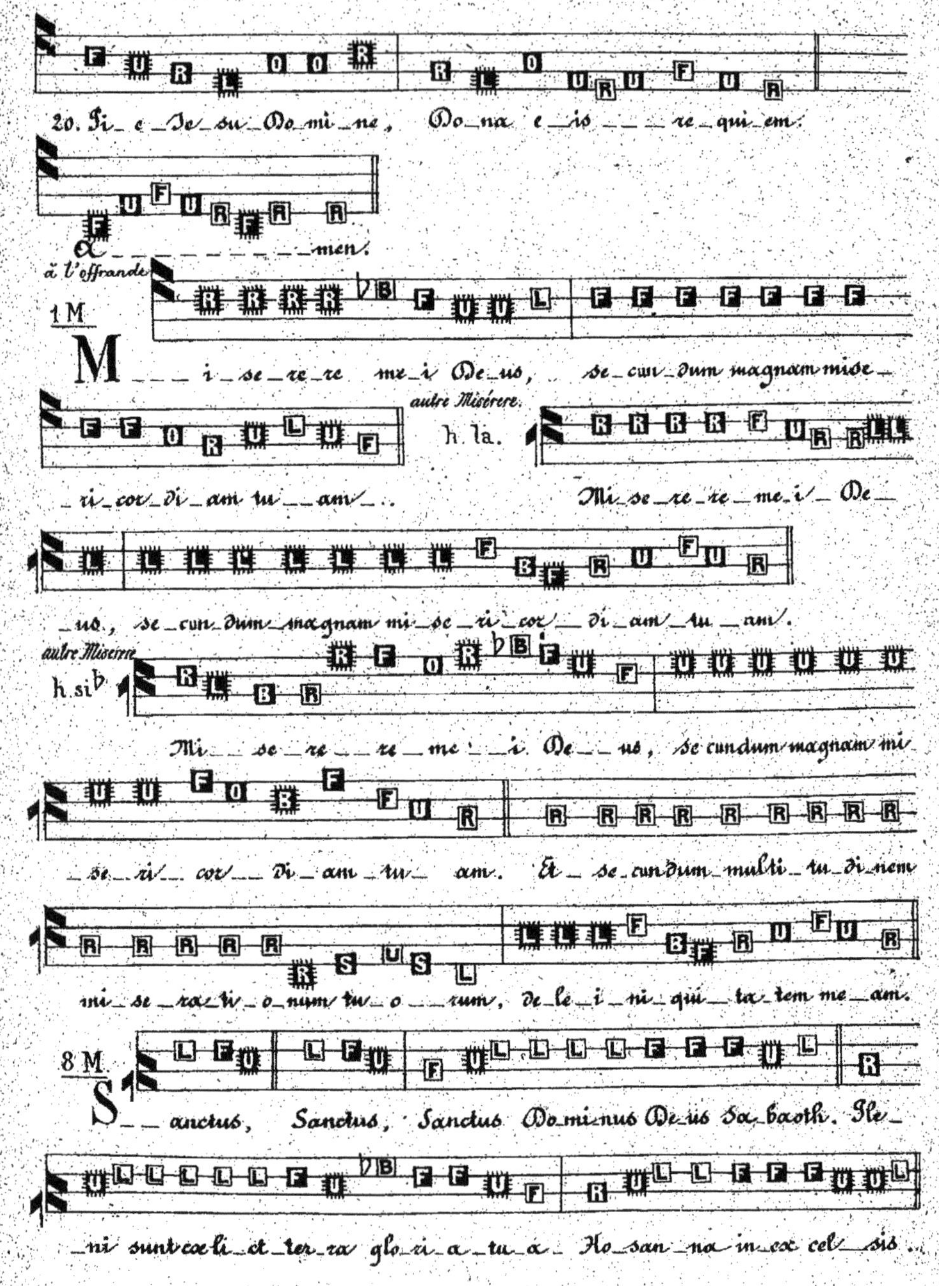
20. Pi__e__Je_su Do_mi__ne, Do_na_e_is___re_qui_em.
A________men.
à l'offrande
1 M
M____i_se_re_re me_i De_us, se_cun_dum magnam mise
autre Miserere.
h. la.
ri_cor_di_am tu__am__..
Mi_se_re_re_me_i__De_
_us, se_cun_dum magnam mi_se_ri_cor__di_am_tu_am.
autre Miserere
h.si♭
Mi__se_re_re_me__i De__us, se cundum magnam mi
_se_ri_cor__di_am_tu_am. Et_se cundum multi_tu di_nem
mi_se_ra_ti_o_num tu_o__rum, de_le_i_ni_qui_ta_tem me_am.
8 M.
S___anctus, Sanctus, Sanctus Do_mi_nus De_us Sa_baoth. Ple_
_ni sunt cœli_et_ter_ra glo_ri_a_tu_a Ho_san_na in_ex_cel__sis..

Be_ne _ dictus qui ve_nit in _no_mi_ne Do_mi_ni : Ho_san _ na in
_ex _ cel _ sis _
8 M.
A ___ gnus De _ i, qui tol_lis pec_cata mundi, do _na e_is re_
_qui _ em (bis) Agnus De _ i qui tol_lis pec_cata mundi do_na e_is
re _ quiem sempi _ ter _ nam.
lentement.
Autre Sanctus
pour les défunts
S _ _ anc _ tus _, Sanctus, Sanctus Domi_nus Deus _ sa_ba_oth.
Ple _ ni _ sunt cœli _ et ter_ra glo_ri_a tu_a. Hosanna in _ excelsis.
Be_ne_dic_tus qui ve_nit in _no_mi_ne _Do_mini. Hosanna in
Autre Agnus
pour les défunts.
_ex_celsis. A _____ gnus De _ i qui tollis pec_ca_ta
mundi do_na e_is requi_em. Agnus De_i qui tollis pec_ca_ta

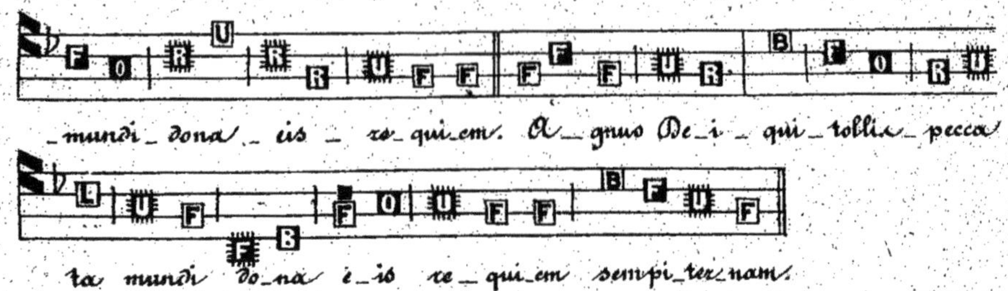
mundi dona eis requiem. A gnus De i qui tollis pecca

ta mundi do na i is re qui em sempi ter nam.

RÉPONS

Ad Oremus.
ab. Ré#
℣. Dominus vobiscum ℟. Et cum Spiri tu tu o. Sæculorum

A l'Evangile.
ab. Ré#
℟. A men. ℣. Dominus vobiscum ℟. Et cum Spiri tu tu o.

A la Préface.
ab. Fa#
℟. Glori a ti bi Do mi ne. Per omnia sæcula sæ

culo rum. ℟. A men. ℣. Dominus vo bis cum. ℟. Et cum Spiri tu tu o.

℣. Sur sum cor da. ℟. Ha be mus ad Do mi num. ℣. Grati as

a ox mus Domino De o nos tro. ℟. Di gnum et jus tum est.

A la Préface des défunts ab. Fa#
Sæculorum ℟. A men vobiscum ? ℟. Et cum Spiri tu tu o. ℣. Sursum

- cor _ da _ R̶ Ha _ be _ mus _ ad _ Domi _ nium _ . ℣ Gratias agamus Domino Deo
- nostro. Dignum et justum est. Per omnia sæcula sæculorum.
- R̶ Amen. tentationem R̶ Sed _ li _ be _ ra _ nos _ a _ ma _ lo. ℣ Pax Domini sit sem-
- per vobiscum R̶. Et _ cum Spi _ ri _ tu _ tu _ o _ . R̶
- _ te ______ Missa _ est.
- _ o ______ grati _ as.
- I _ te Missa est. Alle _ lu _ ia. Alle ______ lu _ ia
- De o grati as.

ANTIPHONAIRE.

A VÊPRES

TONS DES PSAUMES

3 M.
ab. do#
4 M.
5 M.
ab. Ré
6 M.
h. si
7 M.
ab. mi
8 M.
ab. re.
ab. mi.
_vit Spi_ri_tus_me_us.
Dixit_Do_mi_nus_Do_mi_no
me__o Se_de_a_dextris__me_is.
Di_xit__Do_mi
_nus Domino_me_o, Se_de_a_de_xtris meis.
Di_xit Domi
_nus Domino_me_o Se_de_a_dextris_meis.
Di_xit Domi
_nus Domi_no_me_o, Se_de_a_dextris__me_is.
Di__xit
Do_mi_nus Domino_me_o, Se_de_a_dextris meis.
Se_de_a_dextris
me_is_ Se_de_a_dextris_me_is
Ma__gni_fi_cat.
Et____e__xul_ta_vit_spi_ri_tus_me_us.
Di_xit_Do
_mi_nus Domino_me_o, se_de_a_dex_tris meis.
Se_de_a_dextris_
meis (aux fêtes) Et exul_ta_vit_Spi_ri_tus_me_us.

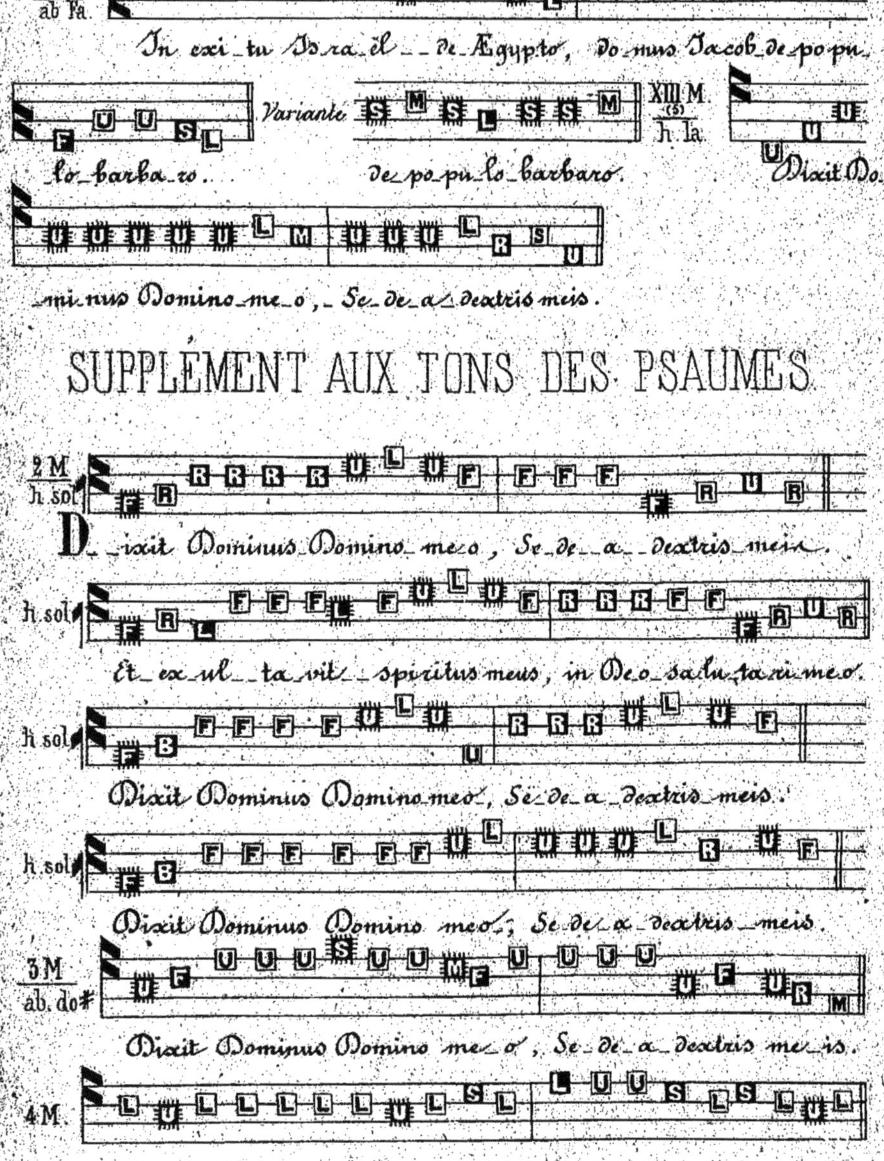

SUPPLÉMENT AUX TONS DES PSAUMES

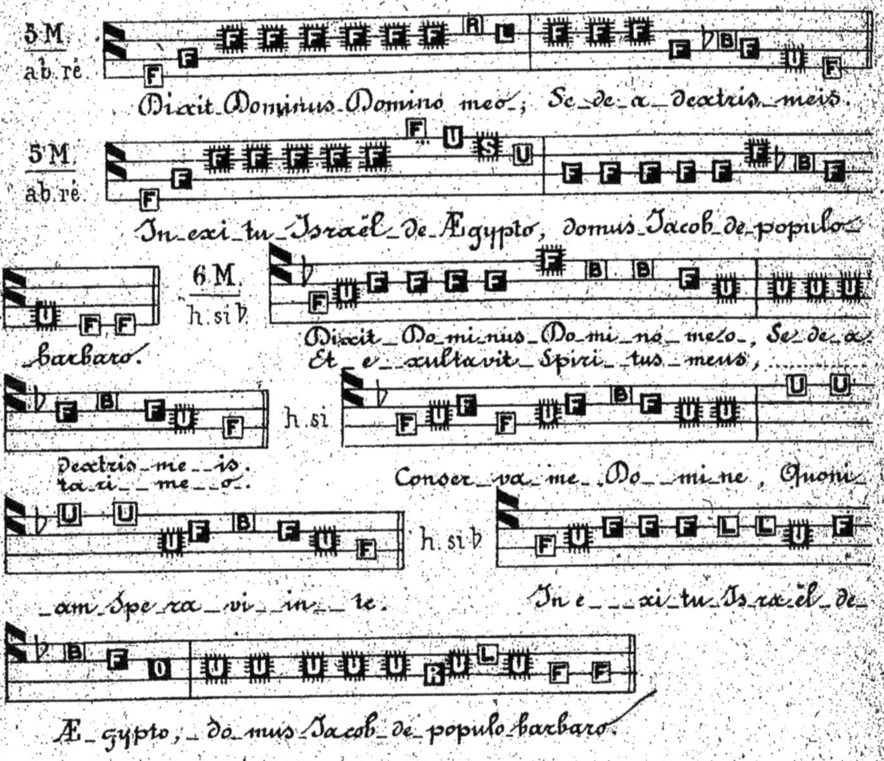

II.ᵉ VÊPRES DE NOËL.

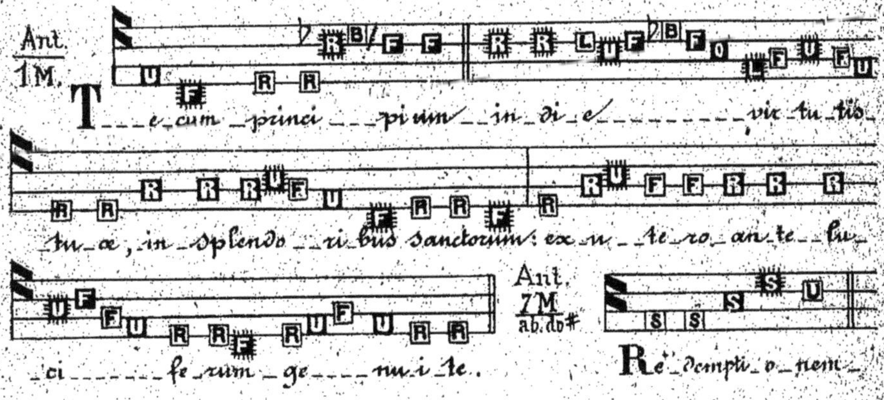

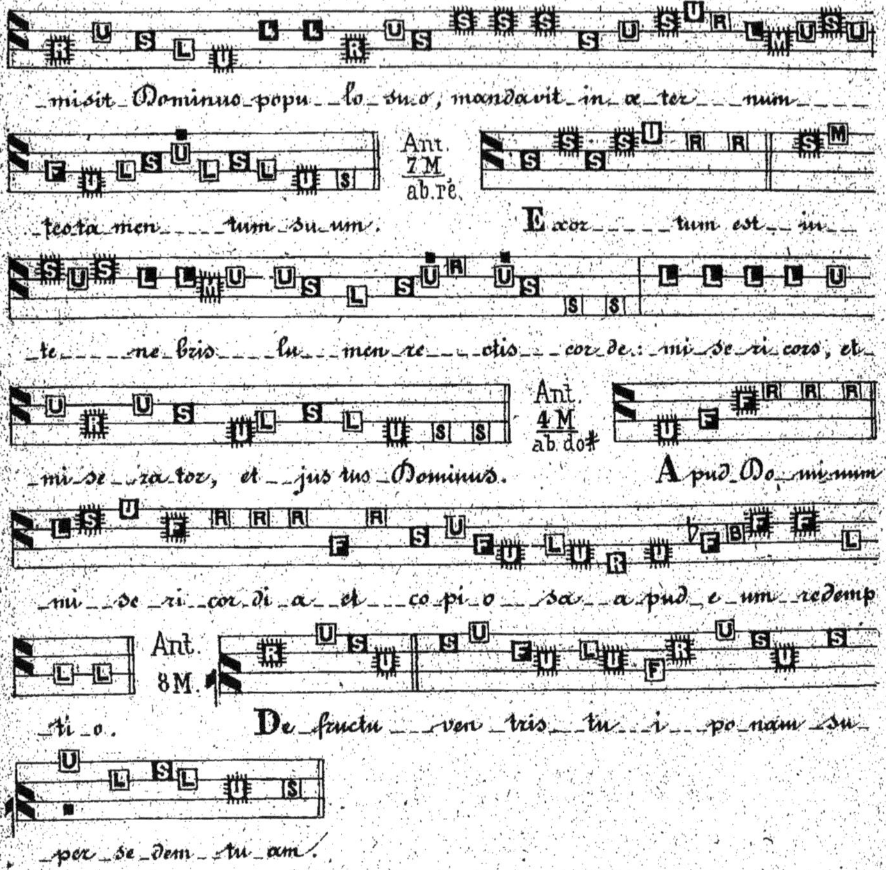

misit Dominus popu lo su o, mandavit in æ ter num
testa men tum su um.
Ant. 7 M ab. ré.
Exor tum est in
te ne bris lu men re ctis cor de: mi se ri cors, et
mi se ra tor, et jus tus Dominus.
Ant. 4 M ab. do#
Apud Do mi num
mi se ri cor di a et co pi o sa a pud e um redemp
ti o.
Ant. 8 M.
De fructu ven tris tu i po nam su
per se dem tu am.

HYMNE.

1 M.
Je su Re demptor om ni um, Quem lucis ante o
3. Me men to re rum Con di tor, No stri quod o lim

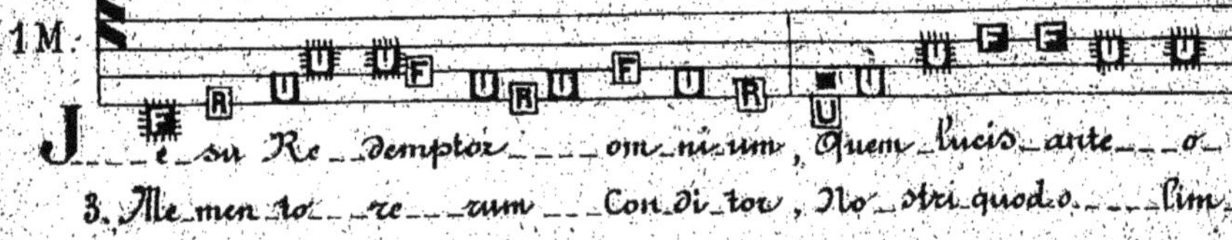

_ri _ _ _ginem, Sa _ _rem pa ter næ _ glo ri æ _, _ Pater
_cor _ poris, Sa _ crata ab _ al vo Virgi nis _ Natren
_su _ pre _ mus _ e di dit. 5. Hunc astra tol _ lus _ æ quo ra,
_do _ for _ mam sumpseris _ 7. Jesu ti _ bi _ sit _ glo ri a,
Hunc _ omne _ quod cælo _ _ su best, Sa _ lu tis _ Ancto _
Qui _ natus _ es _ de Vir _ _ gi ne, Cum _ Patre et _ almo _
rem no væ, Novo sa _ lu _ rat _ can ti co.
spiritu _ Insempi _ ter _ na _ sæ cu la. A _ _ men.

A Magnificat
Ant.
1 M. H _ o _ di e _ Christus _ natus est: ho _ di e Salva
tor ap pa _ ru it: ho _ di e in terra canunt An _ ge li
lætan tur Archan _ ge lis ho di _ e _ _ e xul _ tant justi
di centes: Glo _ ri a in excelsis _ De _ o _ Alle _ lu ia

II.es VÊPRES DE LA CIRCONCISION.

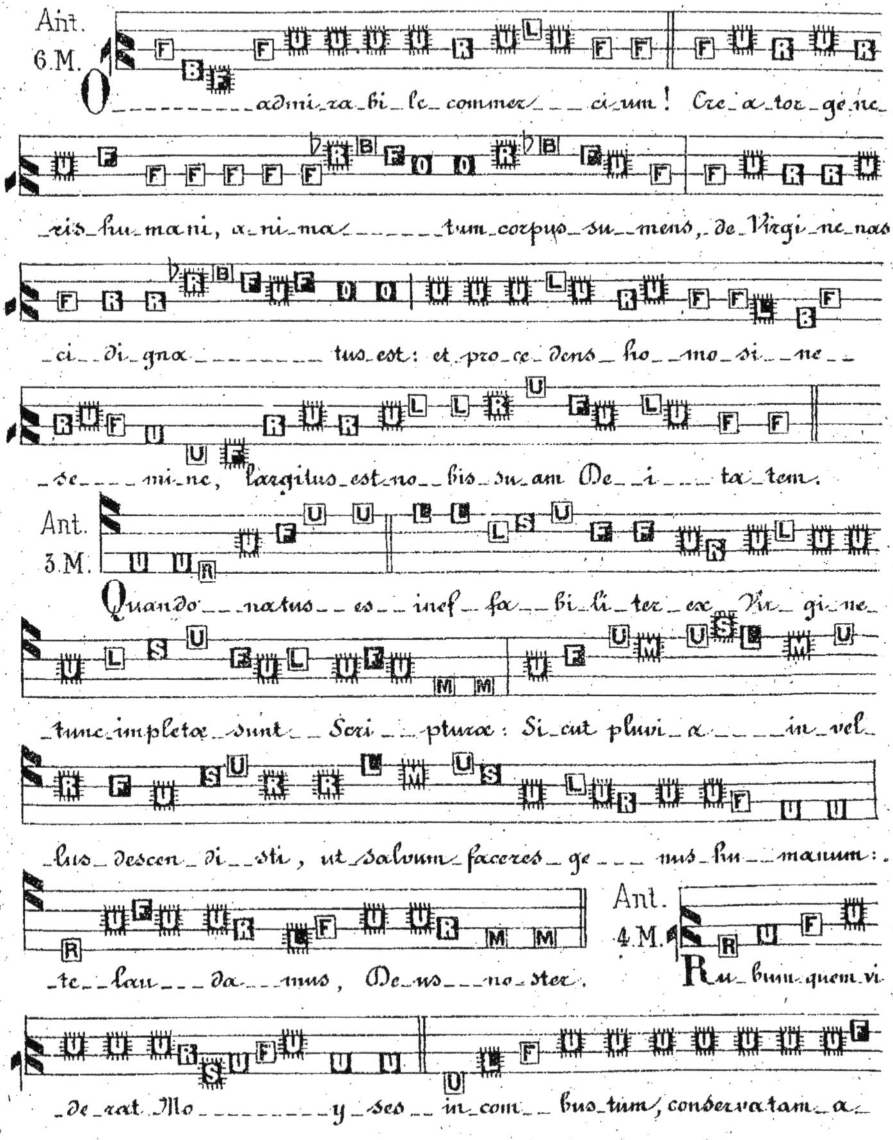

gno... vi_mus tu... am lau_da_bi_lem vir_gi_ni... ta_tem
De_i Ge_ni_trix, inter ce_de pro no_bis.
Ant. 1.M. Ger_mi_na_vit ra_dix Jes se:... or_ta est stella
ex Ja_cob: Vir_go_ pepe_rit Sal_va_to... rem: te... lau
_da_mus, Deus... noster.
Ant 2.M. h.la Ec_ce Mari_a ge_nu_it no
bis Sal_vato_rem quem Joan_nes vi... dens... ex_cla_ma
vit... dicens: Ecce A_gnus Dei, ec_ce qui tollit pec_ca_ta
mundi,... Al_le_lu_ia.
A Magnificat Ant. X M. (2) ab.re
Ma... gnum hære... di_ta
tis_my ste... ri_um: templum Dei fac_tus... est

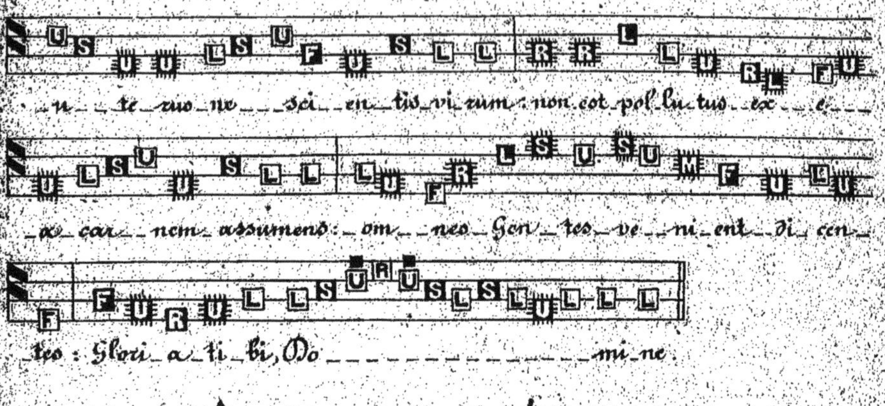

IIes VÊPRES DE L'ÉPIPHANIE.

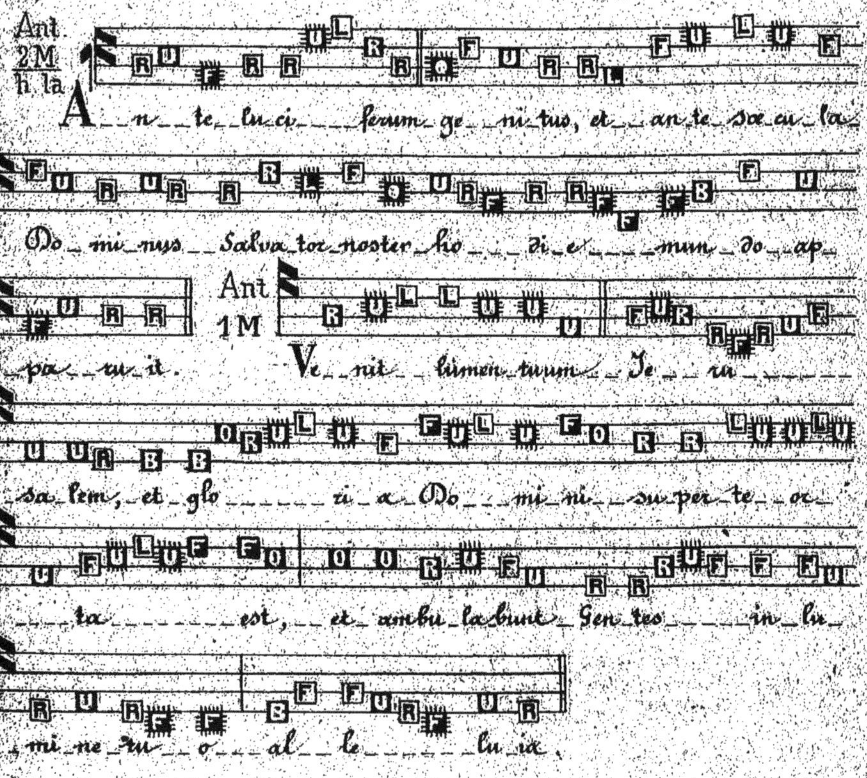

HYMNE.

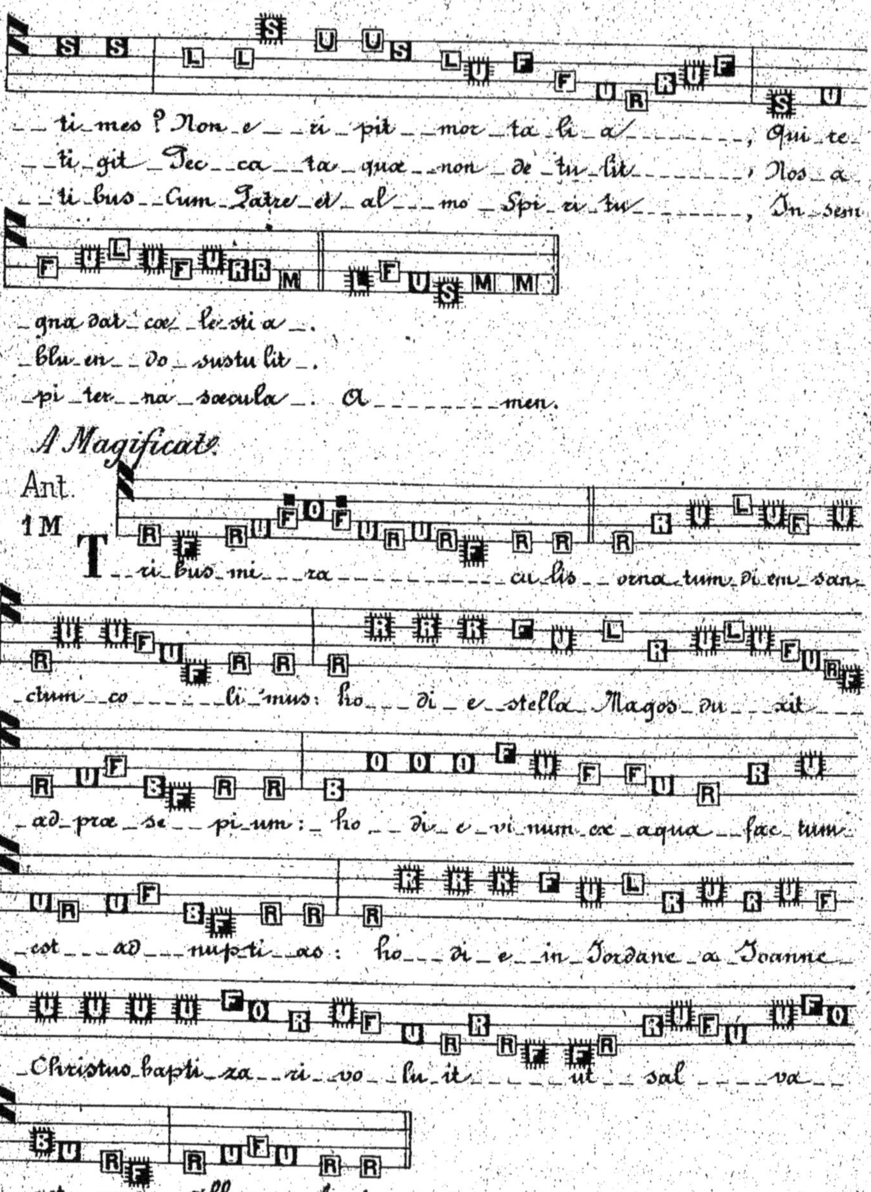
_ ti _ mes ? Non e _ ri _ pit _ mor _ ta _ li _ a _______ , Qui te
_ ti _ git Pec _ ca _ ta quæ _ non _ de _ tu _ lit _______ , Nos a
_ ti _ bus _ Cum Patre et al _ mo _ Spi _ ri _ tu _____ , In sem
_ gna dat _ cœ _ le _ sti a _ .
_ blu en _ do _ sustu lit _ .
_ pi _ ter _ na _ sæcula _ . A _______ men.
A Magificat.
Ant.
1 M
T _ ri _ bus mi _ ra _______ cu lis _ orna tum di em san
_ ctum co _____ li _ mus: ho _ di _ e stella Magos du _ xit
ad _ præ _ se _ pi _ um : ho _ di _ e vi num ex _ aqua _ fac tum
est _ ad _ nupti _ as : ho _ di _ e in Jordane a Joanne
_ Christus bapti _ za _ ri _ vo _ lu _ it _____ ut _ sal ___ va _
_ ret _ nos _ alle ___ lu _ ia.

VÊPRES DE PÂQUES.

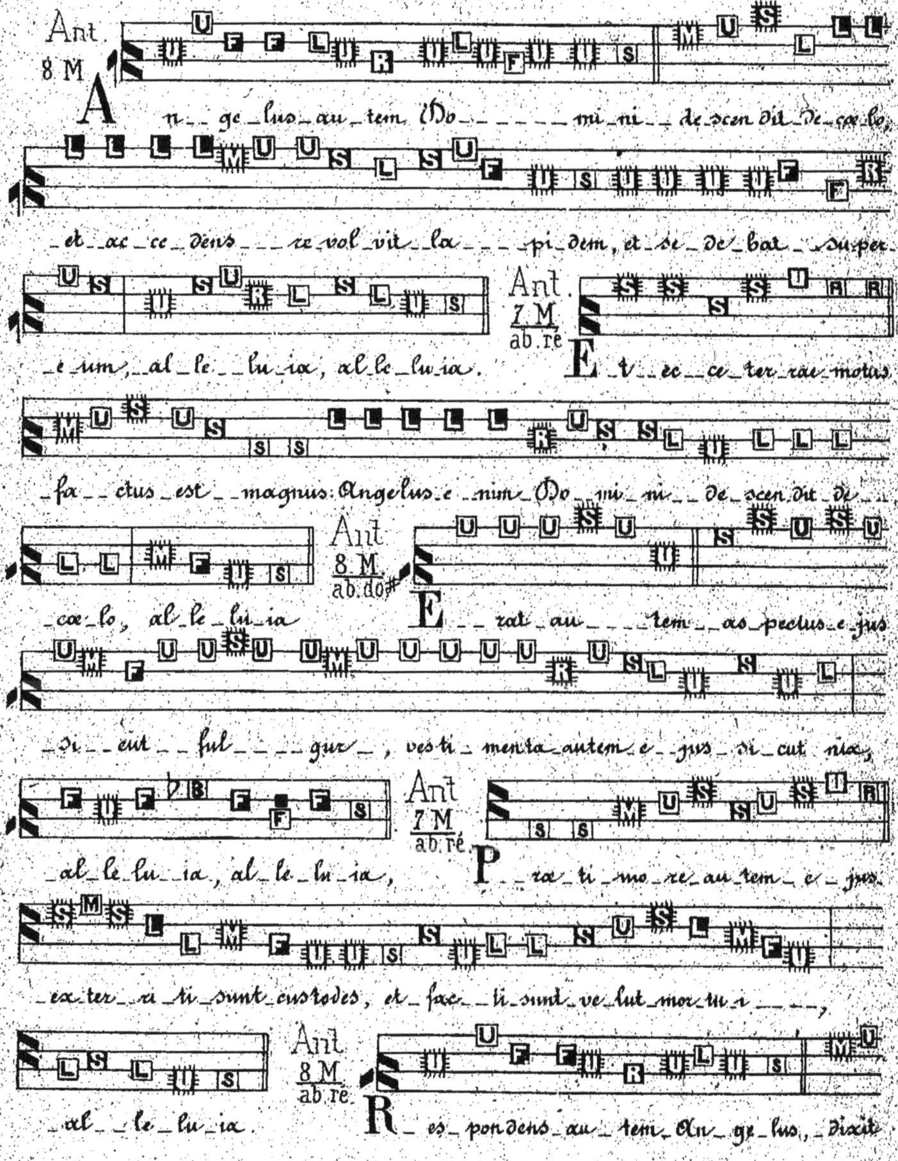

IIᶜˢ VÊPRES DE L'ASCENSION.

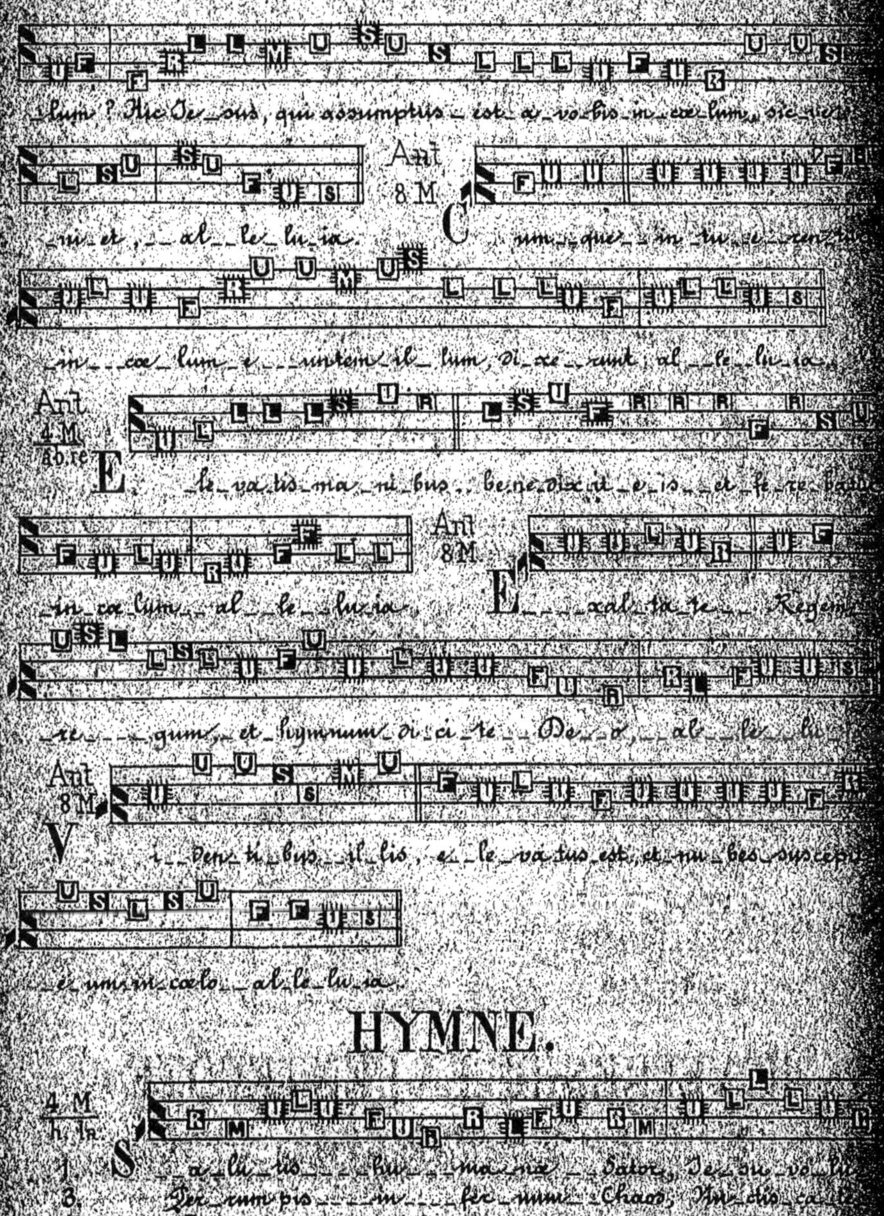

HYMNE.

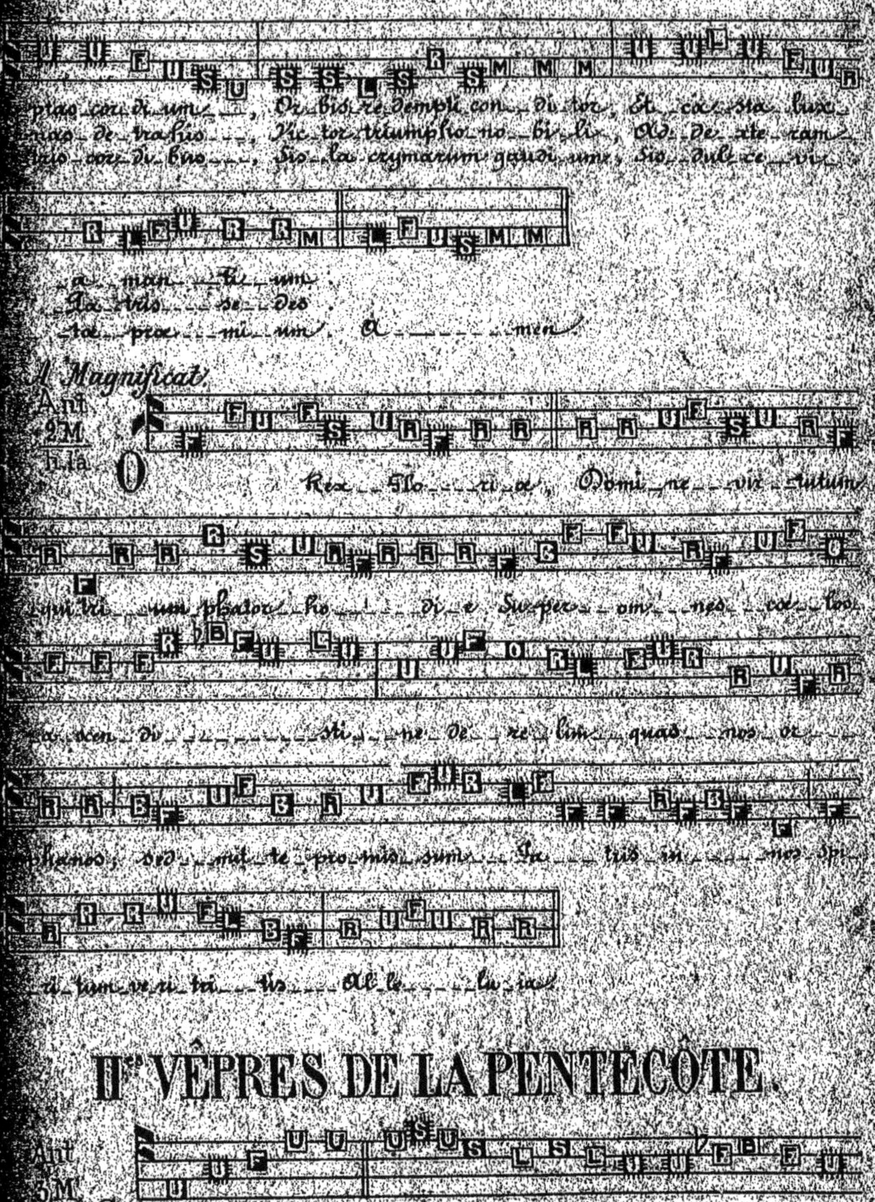

IIᵉˢ VÊPRES DE LA PENTECÔTE.

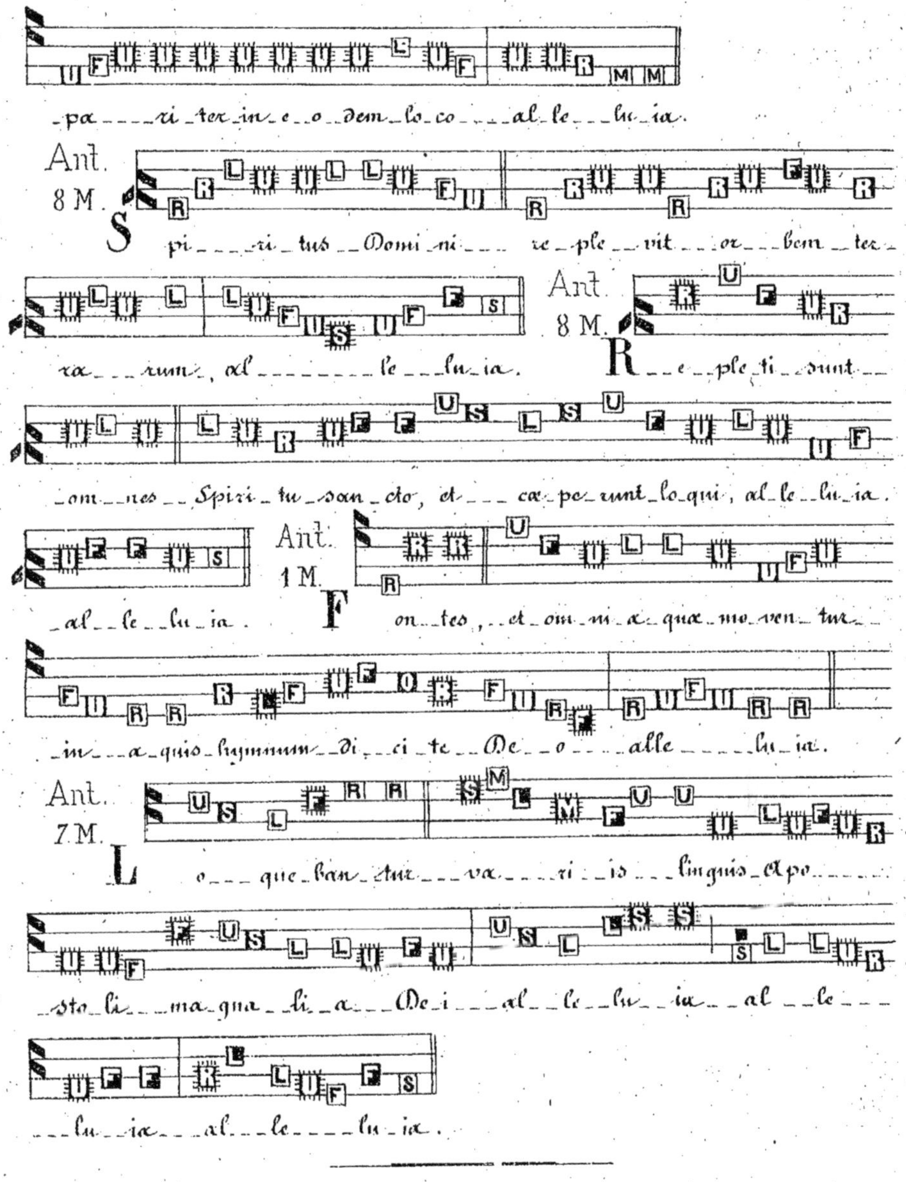

_pa___ri_ter_in_e_o_dem_lo_co___al_le__lu_ia.
Ant. 8 M. S pi___ri_tus__Domi_ni___re_ple_vit___or_bem_ter
ra___rum, al___________le__lu_ia.
Ant. 8 M. R__e_ple_ti__sunt___
_om__nes__Spiri_tu_san_cto, et___cœ_pe_runt_lo_qui, al_le__lu_ia.
_al_le__lu_ia.
Ant. 1 M. F on_tes,__et_om_ni_a_quæ_mo_ven_tur___
_in__a_quis_hymnum_di__ci_te_De_o___alle_______lu_ia.
Ant. 7 M. L o___que_ban_tur__va___ri_is__linguis_Apo___
_sto_li__ma_gna_li_a__De_i___al_le__lu_ia__al__le___
__lu_ia__al__le___lu_ia.

HYMNE.

8 M
h. sol #
1. Ve_ni _ cre _ a _ tor _ Spi _ ri _ tus, Mentes tu_o _rum_
3. Tu_se _ pti _ for _ mis _ _ mu _ ne _ re, Di _ gi _ tus pa _ ternæ
_vi _ _ si _ ta, Im _ ple _ su _ per _ na _ gra _ ti _ a Qua tu cre_
_dex _ te _ ra, Tu _ ri _ te _ pro _ mis _ sum Patris Ser _ mo _ ne
_ a _ sti _ pec _ to _ ra. 5. Hostem re _ pel _ las _ lon _ gi _ us,
di _ tans _ gut tu _ ra. 7. De _ o _ Pa _ tri _ sit _ Glo _ ri _ a,
Per cemque _ do _ nes _ pro _ ti _ nus: On _ do _ re _ sie _ te _ præ_
Et _ Fi _ li _ o _ qui a _ mor _ tu _ is : Sur _ re _ xit _ ac _ Pa _ ra_
_vi _ o, X _ te _ mus _ om _ ne _ no _ xi _ um.
_di _ to, In _ sæ _ cu _ lo _ rum _ sæ _ cu _ la. A _ men.
A Magnificat.
Ant. 1 M
h. la
Ho _ di _ e com _ ple _ ti _ sunt _ di _ es Pen_
_te _ co _ stes _ al _ le _ lu _ ia : ho _ di _ e Spiri tus san_

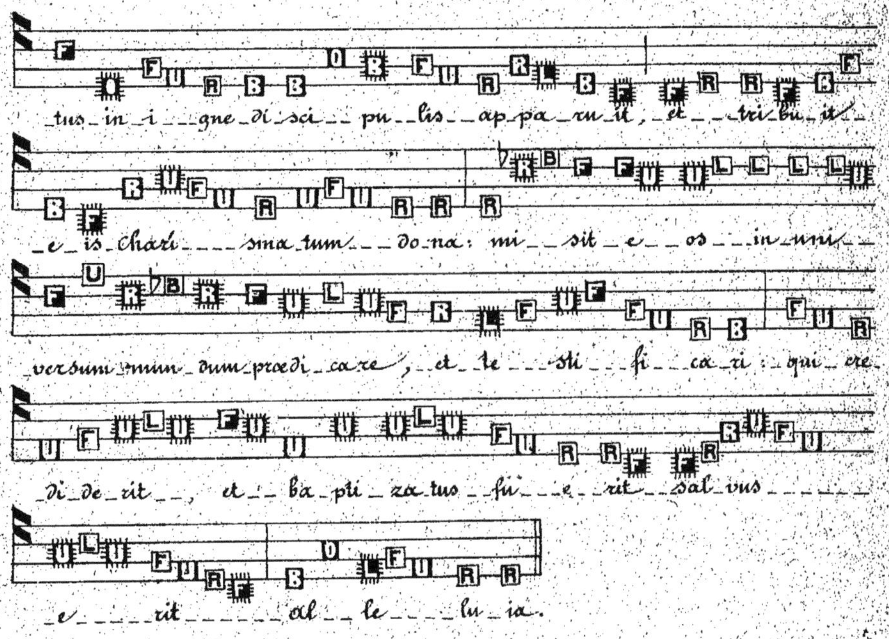

IIᶜˢ VÊPRES DE LA FÊTE-DIEU.

...mo...ri...am su...o...rum mi..ra...bi lium.
Ant 3 M.
Ca...li cem sa......lutaris acci......piam, et sacrifi
...ca......bo hos...ti...am laudis
Ant 4 M.
S......i...cut no vel læ o...
...li......varum, Ec cle.........si æ fi...li...i sint in cir cu......
...i..tu men sæ Do.........mini.
Ant 5 M. ab. ré.
Q...ui pa......cem
po......nit fi...nes Ecole.........si æ fru......men...ti a di pe sa.........
...ti..at nos Do.....minus.

HYMNE

3 M.
1. P......ange lin gua glori o...... si Cor...poris mysterinm. Sangui
2. In su pre ma nocte cœ......næ Re cumbens cum fratribus, Obser
...usque præti o...si Quem in mundi preti um, Fructus ventris
...va ta le ge plene Ci...bis in le ga...li..bus. Ci..bum tur..bœ

TANTUM ERGO
ge..ne..ro..si Rex es fudit gen..tium.
du..o..de..næ Se..dat suis ma..ni..bus.
Tantum ergo Sacra
Ge..ni..to..ri Geni
mentum Ve.....nere..mur cer..nui:
to.....que Laus, et ju..bi..la..tio;
Et antiquum do cumentum No
Salus honor, virtus quo que Sit
vo cedat ri tu i, Præstet fides supplementum Sensuum defec...tui
et be..ne..dictio, Procedenti ab utro..que Comparsit lauda..ti o. A.....men
A Magnificat
XIII M
(5)
O sa.....crum con..vi.....vium in quo.....
Chri.....stus su.....mitur: reco.....litur me.....mo
.....ri a pas.....si o.....nis e.....jus: mens im.....ple.....
tur gra.....ti..a: et fu..tu...ræ glo.....ri æ
no.....bis pi.....gnus da.......tur, al le.....
.....lu.....ia.

II VÊPRES DU SACRÉ CŒUR

68
Ant 7 M ab Ré
P
læ ti fi ca ve runt a nimam meam
qua culum su per cor tuum ut signa culum super bra chium tuum

HYMNE

6 M
Auc tor be a te sæ cu li Christe Redemptor omnium Lumen Patris
Ille a mor almus Ar ti fex Terræ, marisque et siderum Erra ta Pa
Percussum ad hoc est lan ce a, Passumque ad hoc est vulne ra, Ut nos la va

de lu mine Deus que verus de Deo
trum ni serans Et nos stra rumpens vin cu la
ret sor dibus Unda flu en te et san gui ne A men

A magnificat Ant 1 M
A d Jesum au tem cum ve nis sent, ut vi
de runt e um mor tu um non fregerunt e jus cru ra: sed
u nus mi litum lan ce a la tus e jus a pe
ru it et con ti nuo e xi vit san guis et a qua

II.es VÊPRES DE L'IMMACULÉE CONCEPTION

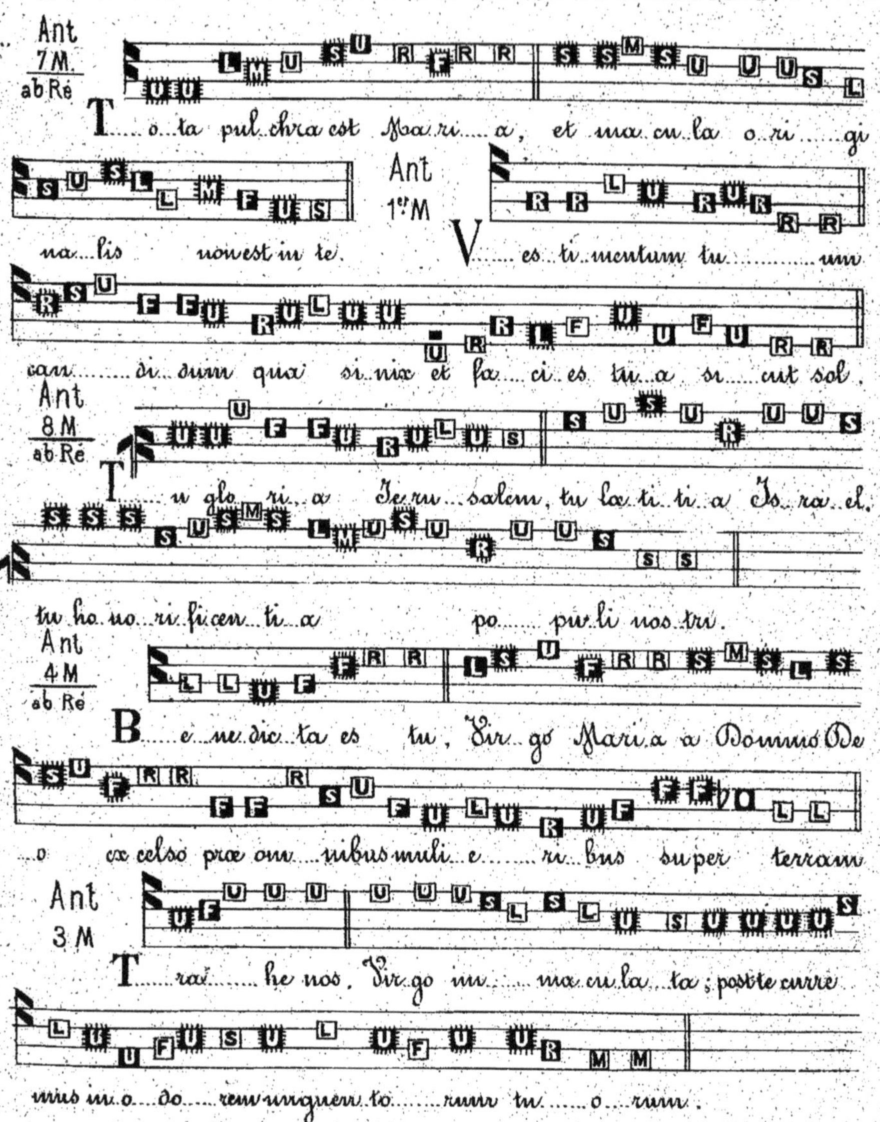

HYMNE.

1.M.
Ave maris stella, Dei Mater alma,
Solve vincla reis Profer lumen cœcis:
Atque semper virgo Felix cœli porta. Virgo singu-
Mala nostra pelle Bona cuncta posce. Sit laus Deo
ta ris, Inter omnes mitis, Nos culpis solu-
Pa tri, Summo Christo decus, Spiritui San-
tos Mites fac, et castos.
cto Tribus honor unus. Amen.

à Magnificat
An
1.M.
h, Si b
Hodie egressa est virga de
radice Jesse: hodie sine ulla peccati
labe concepta est Maria: hodie con-

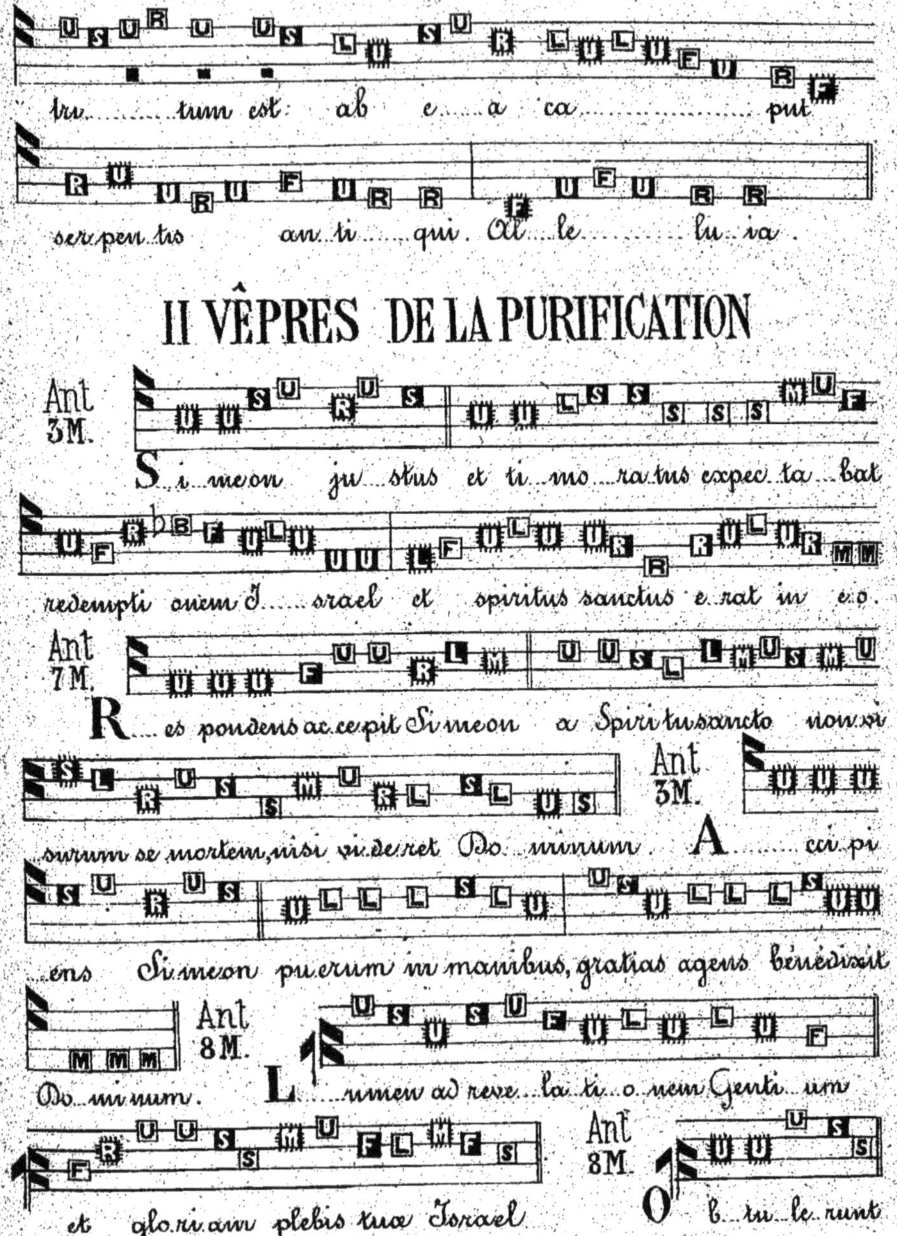

II VÊPRES DE LA PURIFICATION

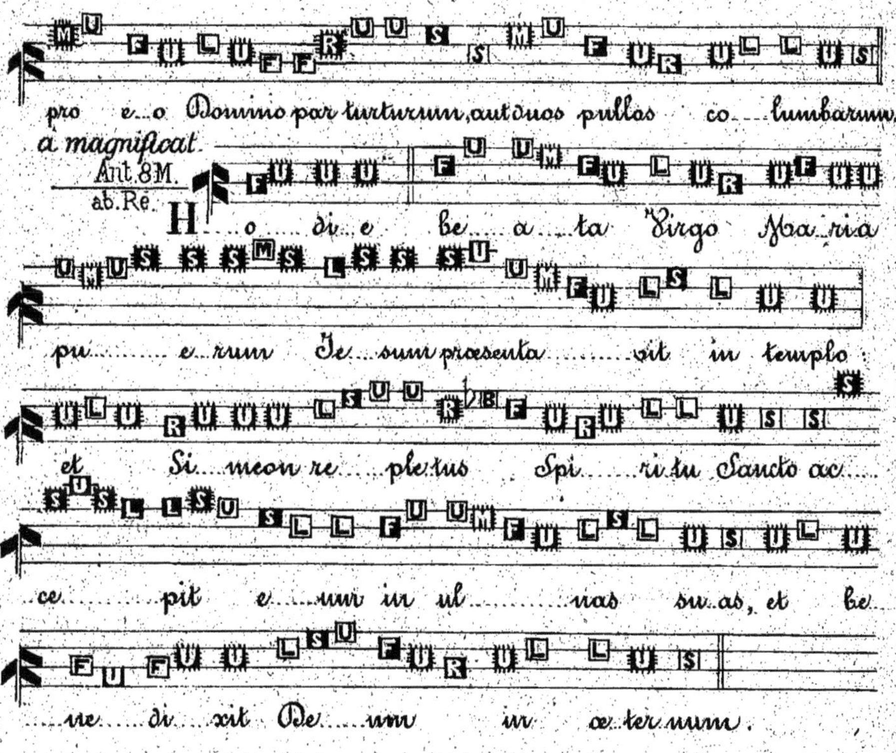

II VÊPRES DE St. JOSEPH.

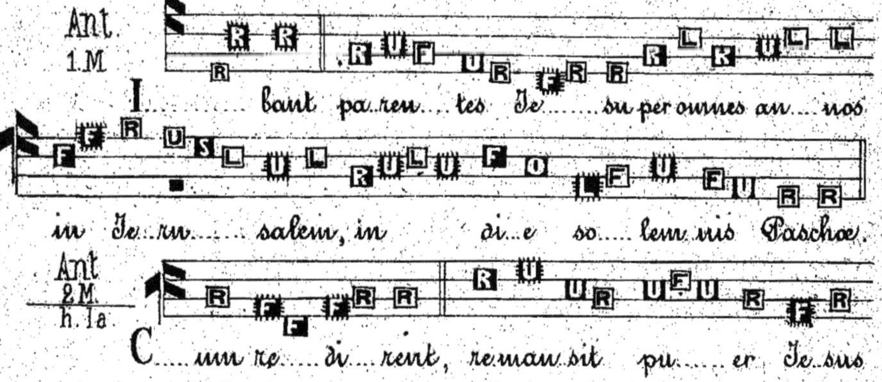

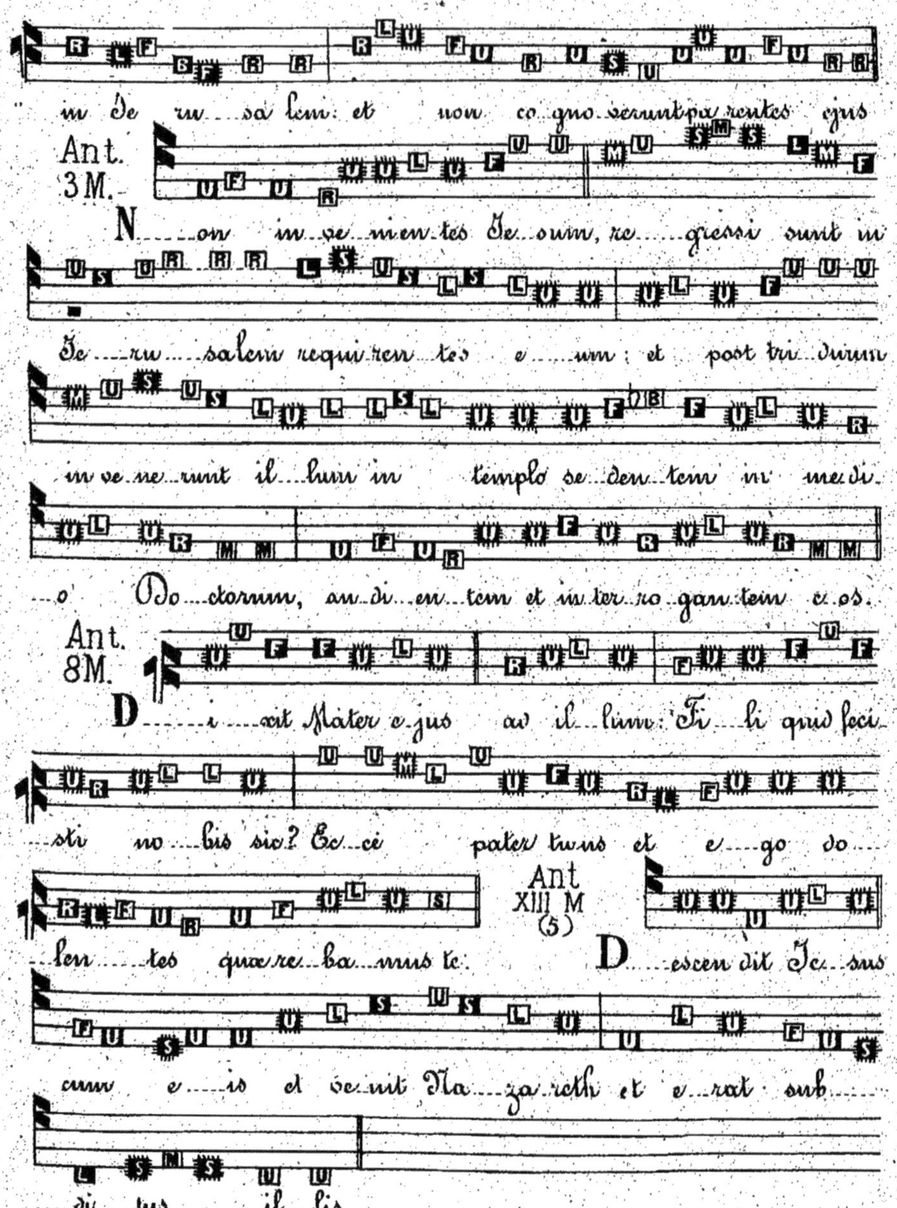
in Je ru sa lem: et non co gno verunt pa rentes ejus
Ant. 3 M.
N on in ve nien tes Je sum, re gressi sunt in
Je ru salem requi ren tes e um: et post tri duum
in ve ne runt il lum in templo se den tem in me di
o Do ctorum, au di en tem et in ter ro gan tem e os.
Ant. 8 M.
D i xit Mater e jus ad il lum: Fi li quid feci
sti no bis sic? Ec ce pater tuus et e go do
Ant XIII M (5)
len tes quæ re ba mus te. D escen dit Je sus
cum e is et ve nit Na za reth et e rat sub
di tus il lis.

HYMNE

II VÊPRES DE L'ANNONCIATION

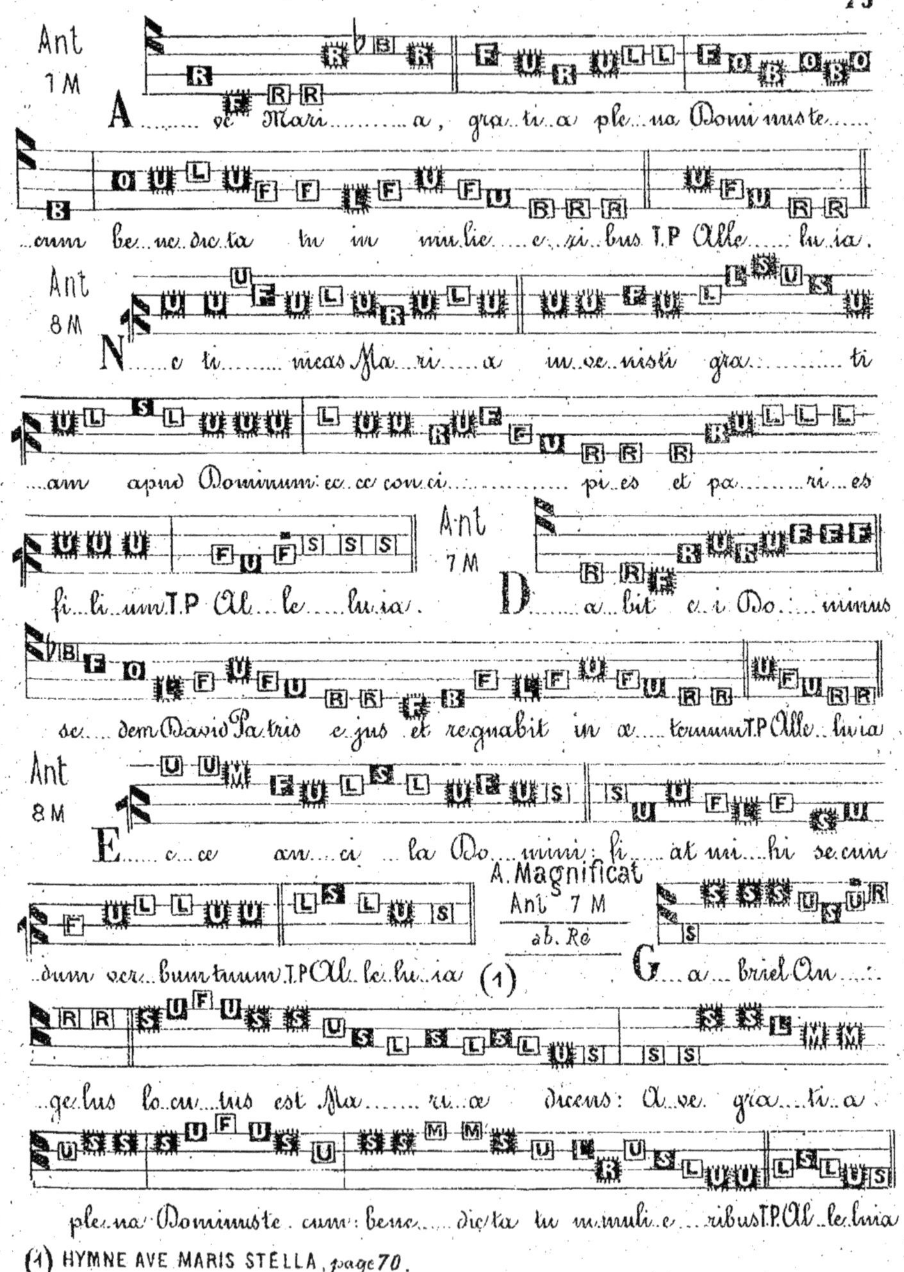

(1) HYMNE AVE MARIS STELLA, page 70.

II VÊPRES DE St JEAN-BAPTISTE.

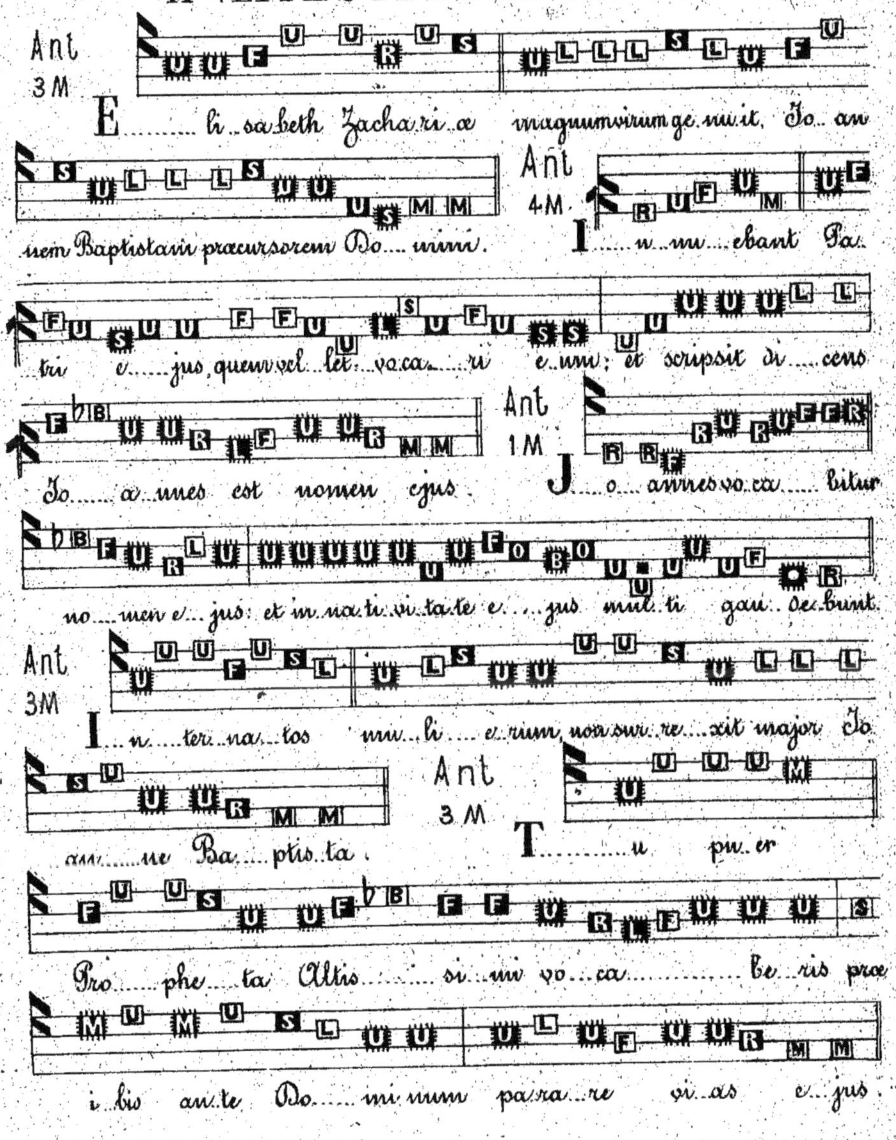

HYMNE

II VÊPRES DE St. PIERRE & DE St. PAUL.

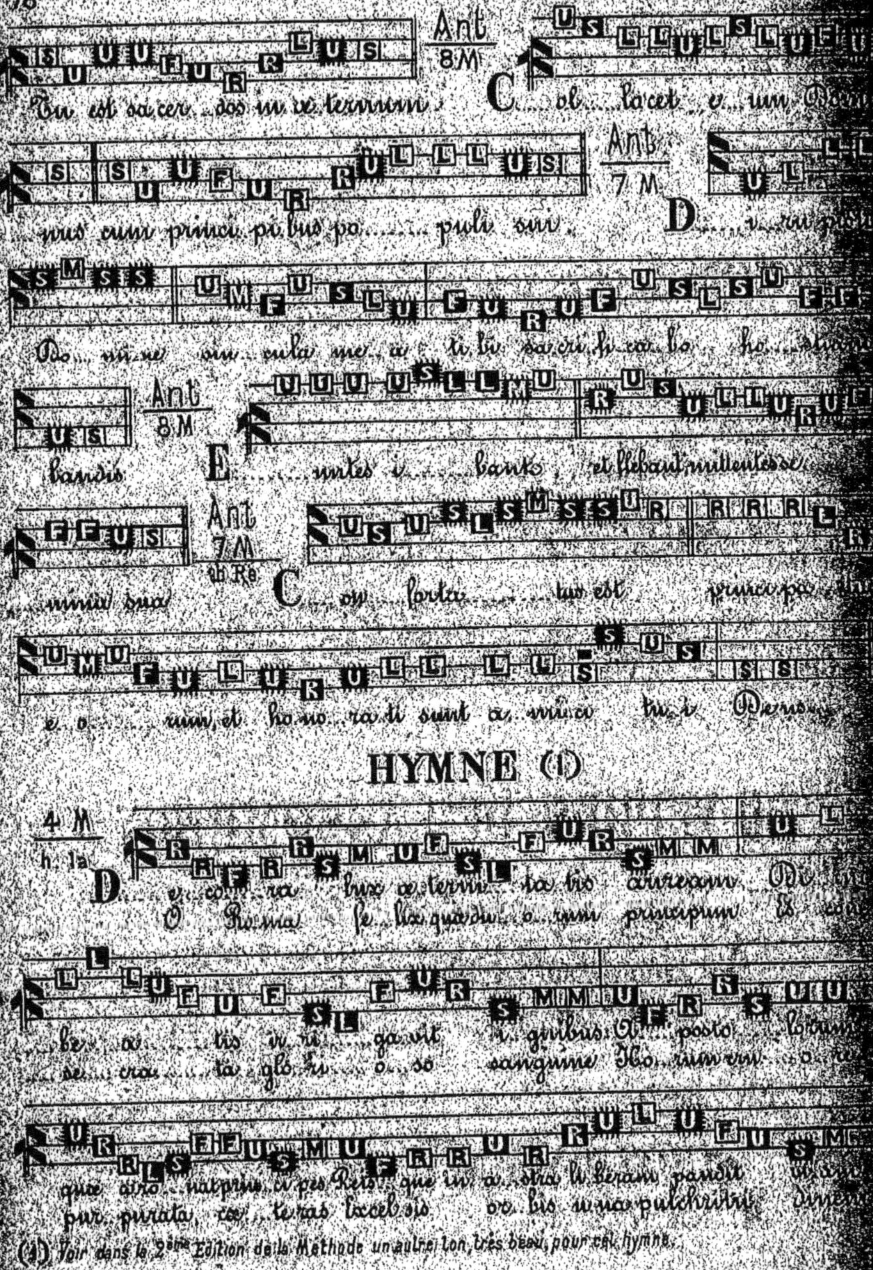

HYMNE (1)

(1) Voir dans la 2ème Édition de la Méthode un autre ton très beau pour cet hymne.

II VÊPRES DE L'ASSOMPTION

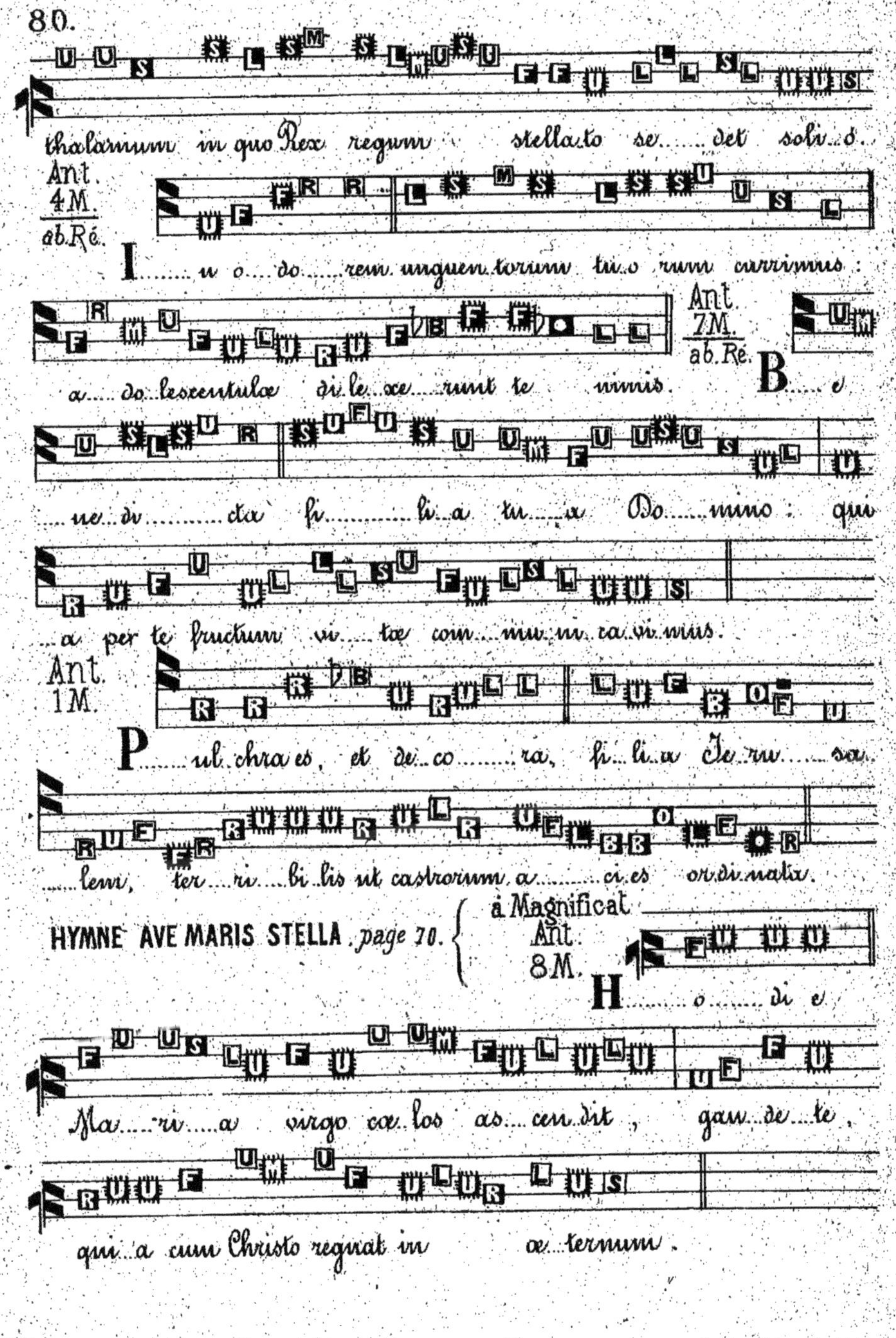
thalamum in quo Rex regum stella.to se.....det soli.o.
Ant. 4 M. ab Ré.
I.......n o.....do......rem unguen.torum tu.o rum currimus :
Ant. 7 M. ab.Ré.
a.....do.lescentulæ di.le.xe.....runt te nimis.
B.....e
ne...di.....cta fi.........li.a tu...a Do....mino: qui
....a per te fructum vi....tæ com.....mu.ni.ca.vi.mus.
Ant. 1 M.
P.....ul.chra es. et de.co.........ra, fi.li.a Je.ru.....sa.
.....lem, ter.ri.bi.lis ut castrorum a.........ci.es or.di.nata.
HYMNE AVE MARIS STELLA, page 70.
à Magnificat
Ant. 8 M.
H.........o.....di.e
Ma.....ri...a virgo cæ.los as....cen.dit, gau.de.te,
qui.a cum Christo regnat in æ.ternum.

II VÊPRES DE LA NATIVITÉ DE LA Ste VIERGE

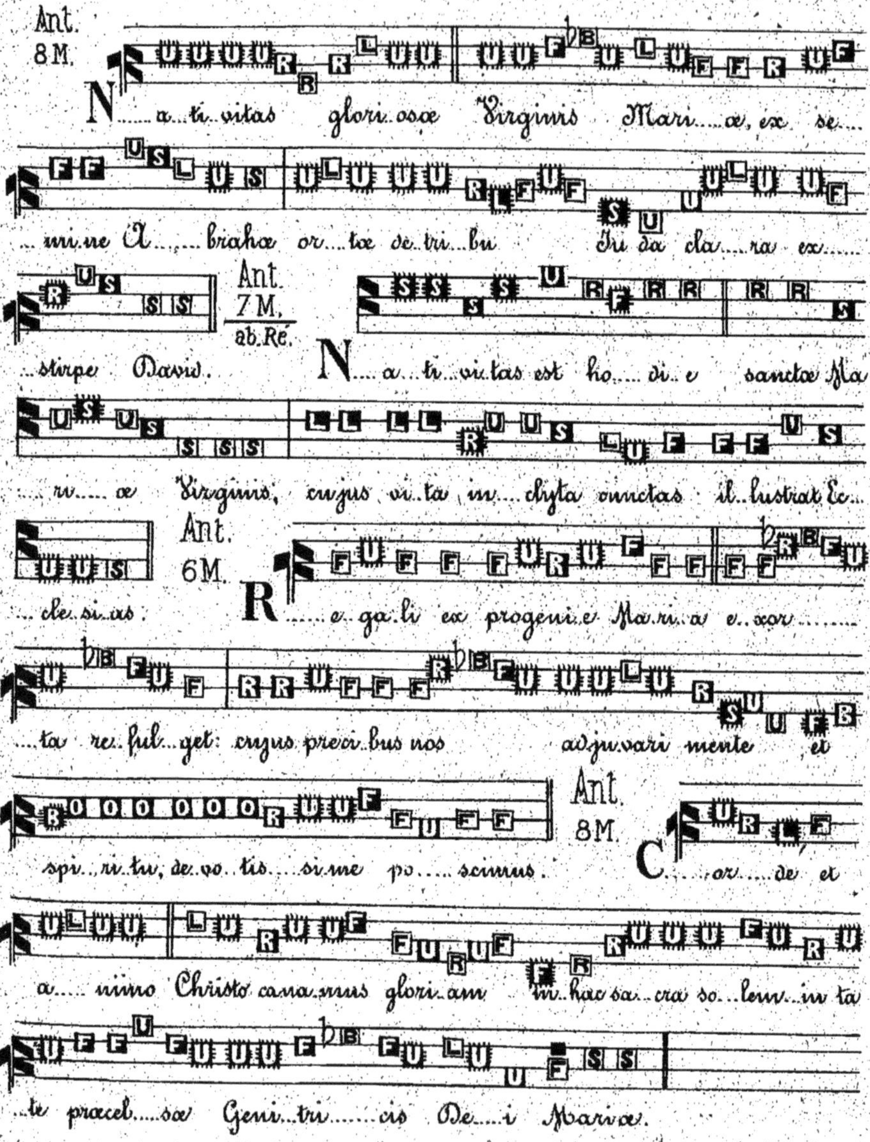

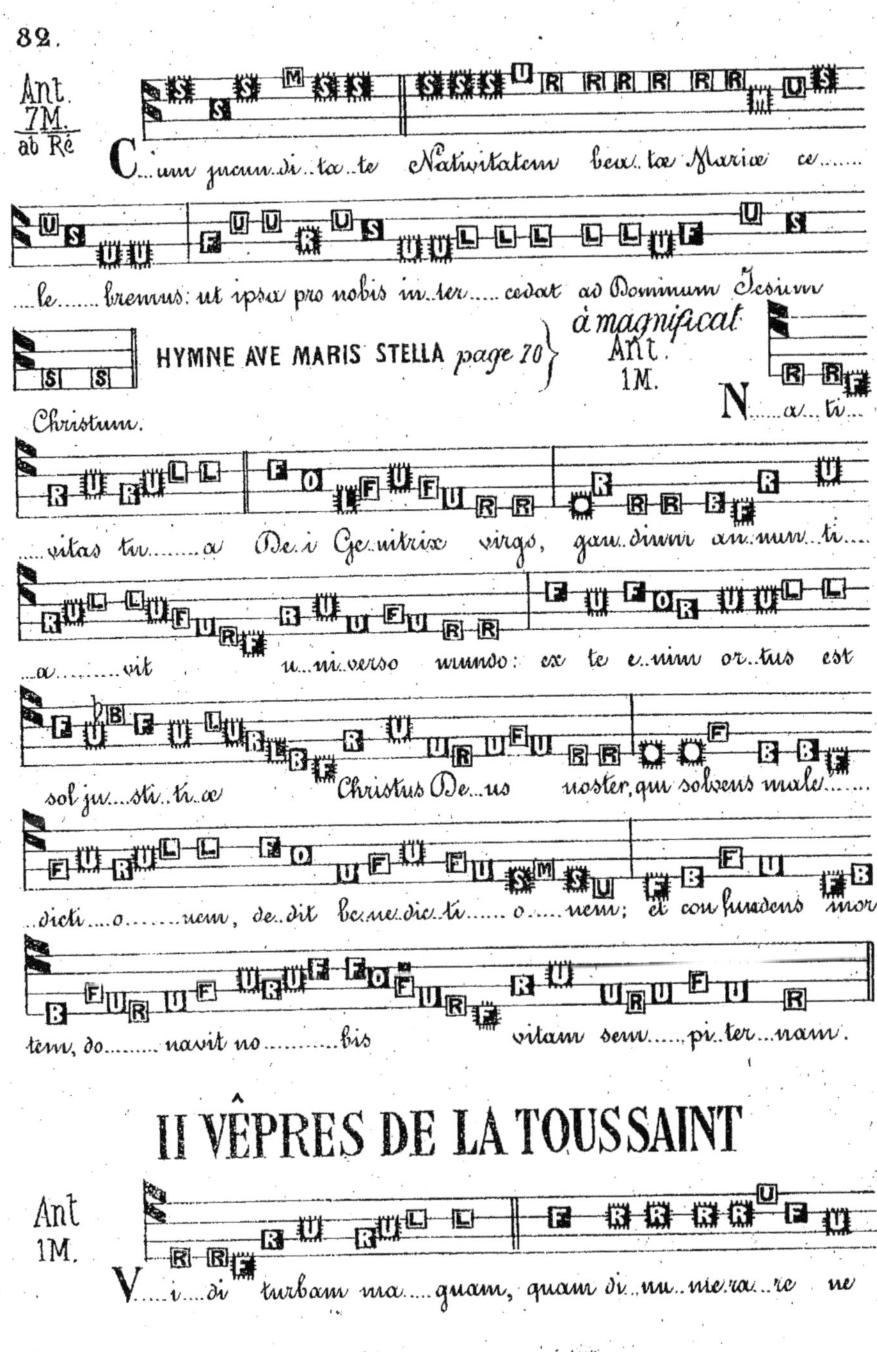

II VÊPRES DE LA TOUSSAINT

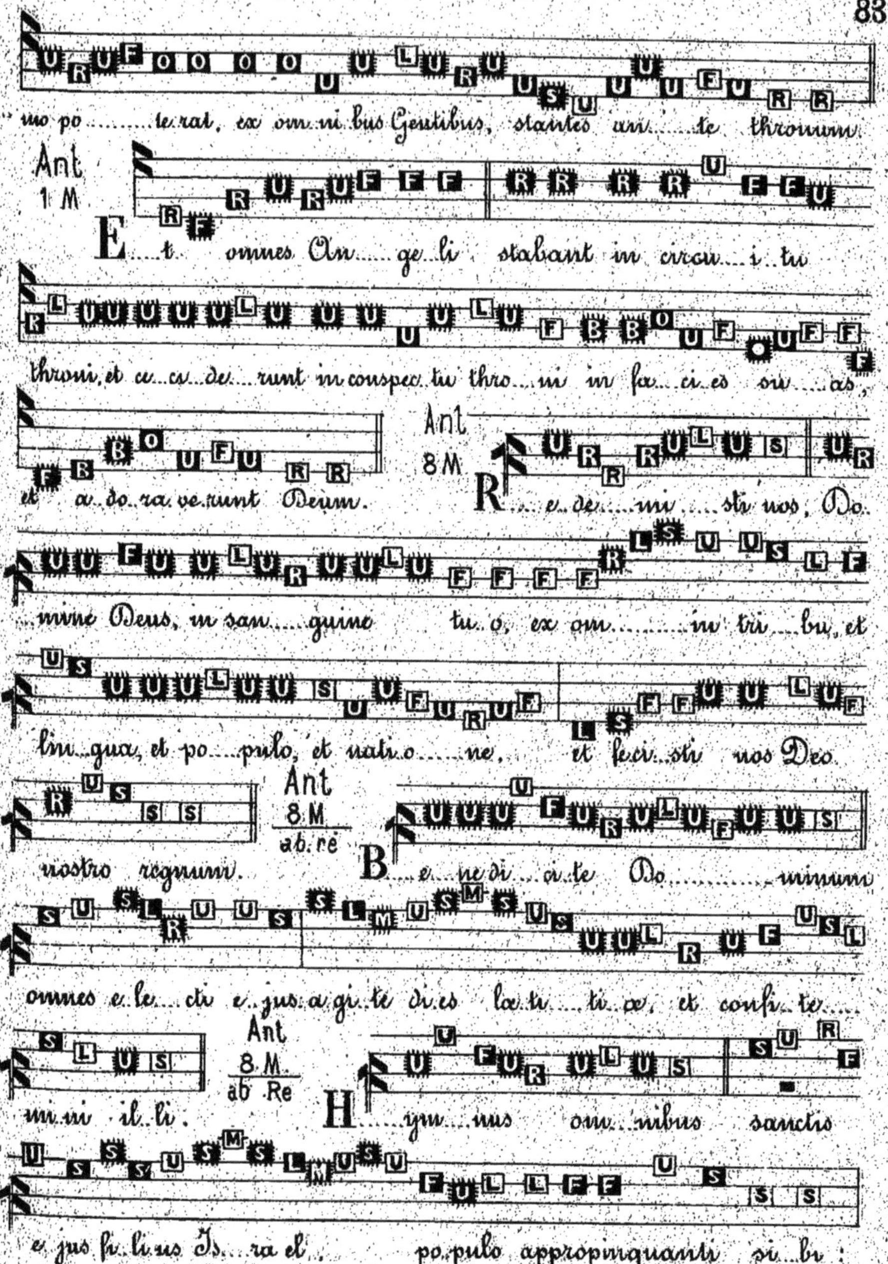
no po......te rat, ex om ni bus Gentibus, stantes an....te thronum
Ant 1 M
Et omnes An....ge li stabant in circu..i tu
throni, et ce ci de....runt in conspec tu thro....ni in fa...ci es su...as,
Ant 8 M
R e de ....mi....sti nos, Do
mine Deus, in san....guine tu o ex om..........ni tri...bu, et
lin gua, et po....pulo, et natio........ne, et fecis sti nos Deo
nostro regnum.
Ant 8 M ab re
Be ne di ....ci te Do..........minum
omnes e le...cti e jus a gi te di es lae ti....ti ae, et confi te.....
mi ni il li.
Ant 8 M ab Re
H........ym....nus om....nibus sanctis
e jus fi li us Is....ra el. po.pulo appropinquanti si....bi :

glo...ri.a hæc est omni...bus sanctis e...jus.

HYMNE

8 M
ab. do#
1 Pla...ca.re Chri..ste ser...vulis Qui...bus Pa...tris
3 A...posto...li cum Va...tibus, A...pud se...ve
clemen...ti.am Tu.æ ad tri..bunal grati..æ Pa.tro...na virgo
rum Ju...dicem, Ve...ris re.o.rum fleti..bus Ex po...sci..te in
postulat. 5 Cho...re.a ca...sta vir..ginum Et...quos
dulgentiam. 7 De...o Pa...tri sit glo...ria Na...to...
e...re...mus in.colas Transmisit a..stris, cæ..litum Lo.ca...
que Pa...tris u...nico Sancto si..mul Pa..ra.cli.to, In sem
...te nos in se..di.bus.
...pi..ter...na sæ.cu.la. A...men.

A Magnificat
6 M.
h. Si b.
O...quam glori..o...sum est regnum,

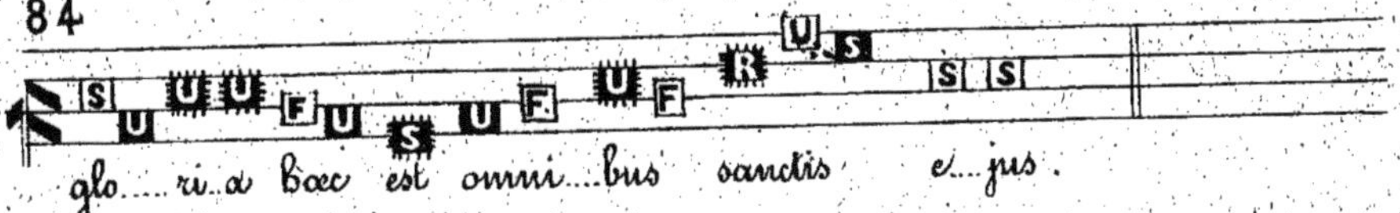

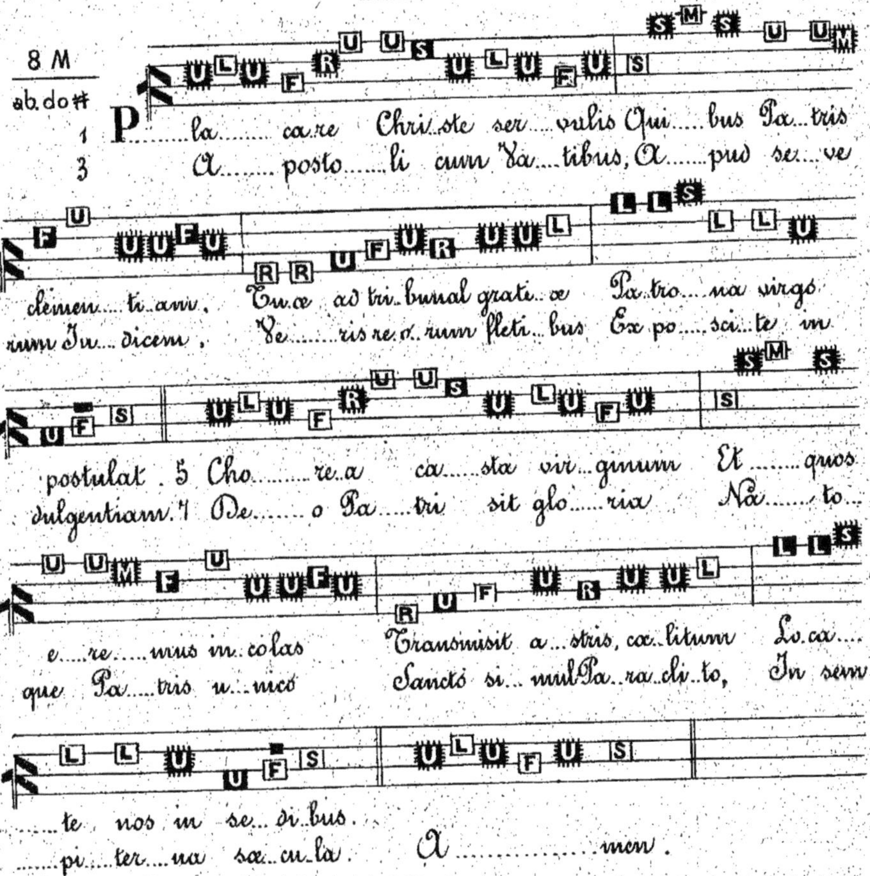

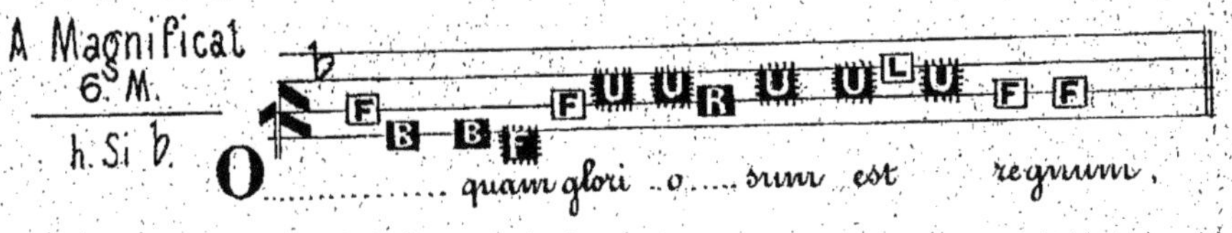

in quo cum Chri..sto gaudent omnes Sancti a...... micti sto
...lis al...... bis, se.... quuntur A... gnum quocumque i...... e..rit.

II VÊPRES DE LA DÉDICACE

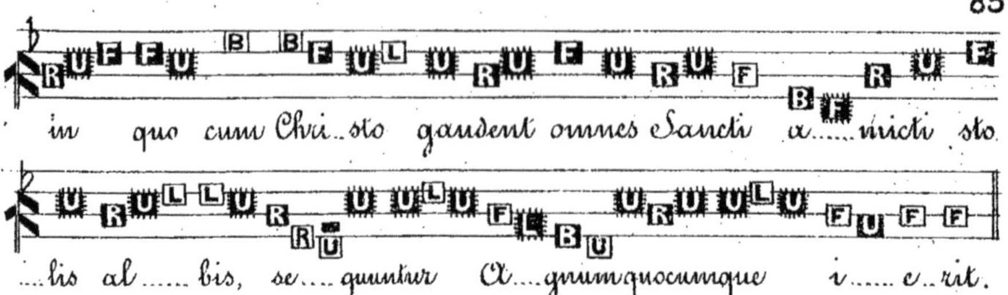

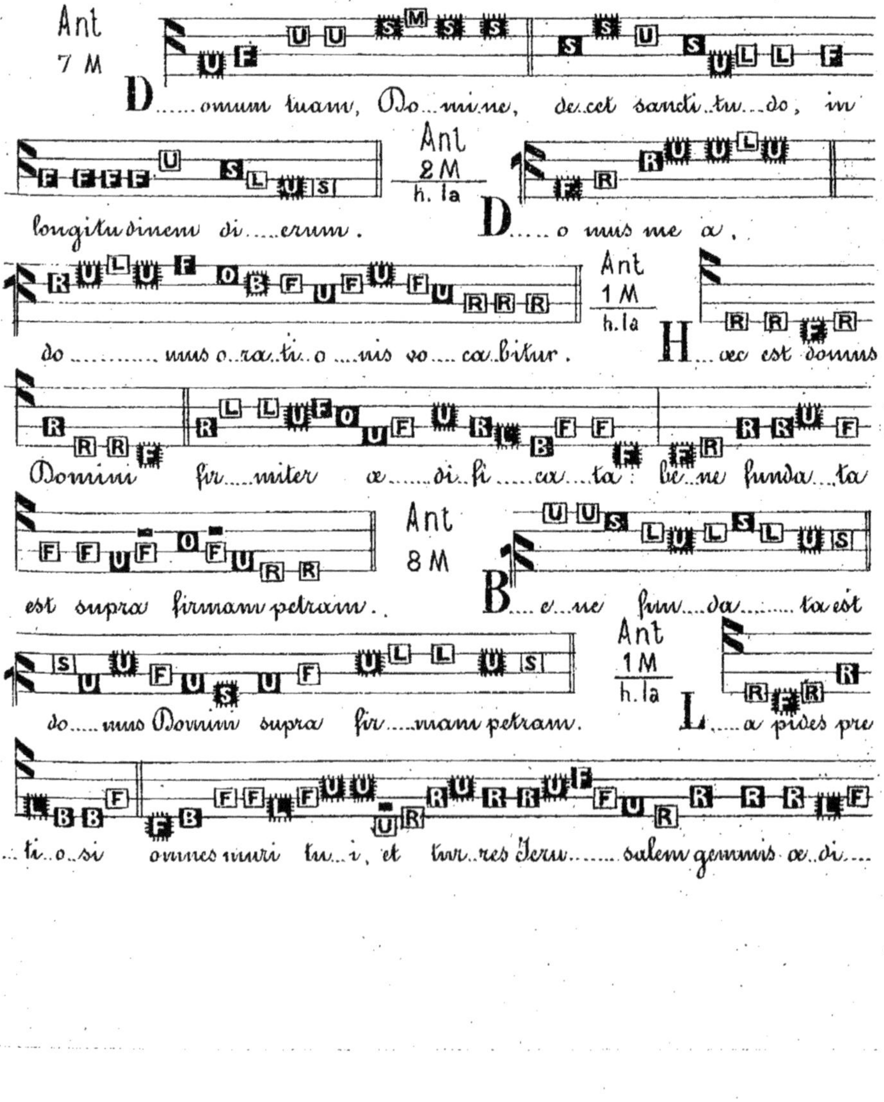
Ant
7 M
D...... omum tuam, Do... mi.ne, de.cet sancti..tu...do, in
longitudinem di..... erum.
Ant
8 M
h. la
D..... o mus me a.
do .... mus o..ra..ti..o .... nis vo.... ca..bitur.
Ant
1 M
h. la
H... æc est domus
Domini fir..... miter æ...... di..fi...... ca.... ta: be..ne funda...ta
est supra firmam petram.
Ant
8 M
B.... e..ne fun.... da........ ta est
do..... mus Domini supra fir..... mam petram.
Ant
1 M
h. la
L..... a pides pre
...ti..o..si omnes muri tu...i, et tur..res Jeru....... salem gemmis æ..di....

HYMNE

fi...ca...buntur.

4 M
h.1a
1
3
5
C æ...les...tis urbs Jeru...salem, Be...a...ta pa
Hic mar...ga...ri...tis e...micant Patentque cuno...
De...cus Paren...ti de...bitum sit usquequa...

...cis vi...si...o, Quæ cel...sa de vi...ven...ti...bus Saxis ac
...tis os...ti...a, Vir...tu...te namque præ...vi...a Morta...lis
que Altis...simo, Na...toque Pa...tris U...ni...co Et in...cly

as...tra tol...le...ris Sponsæ que...ri...tu...cin ge...ris Mil...
illuc du...ci...tur, Amo...re Christi per...ci...tus, Tor...
...to Pa...ra...clito, Cui laus po...te...stas, glo...ri...a Æ...

...le An...ge...lorum mil...li...bus,
menta quisquis sus...ti...net
...terna sit per sæ...cu...la. A...men.

A. Magnificat
Ant. 6 M
h. Si. ♭.
O...quam metu...endus est lo...cus

v...ste! Ve...re non est hic a...liud nisi domus

De...i et por...ta cœ...li.

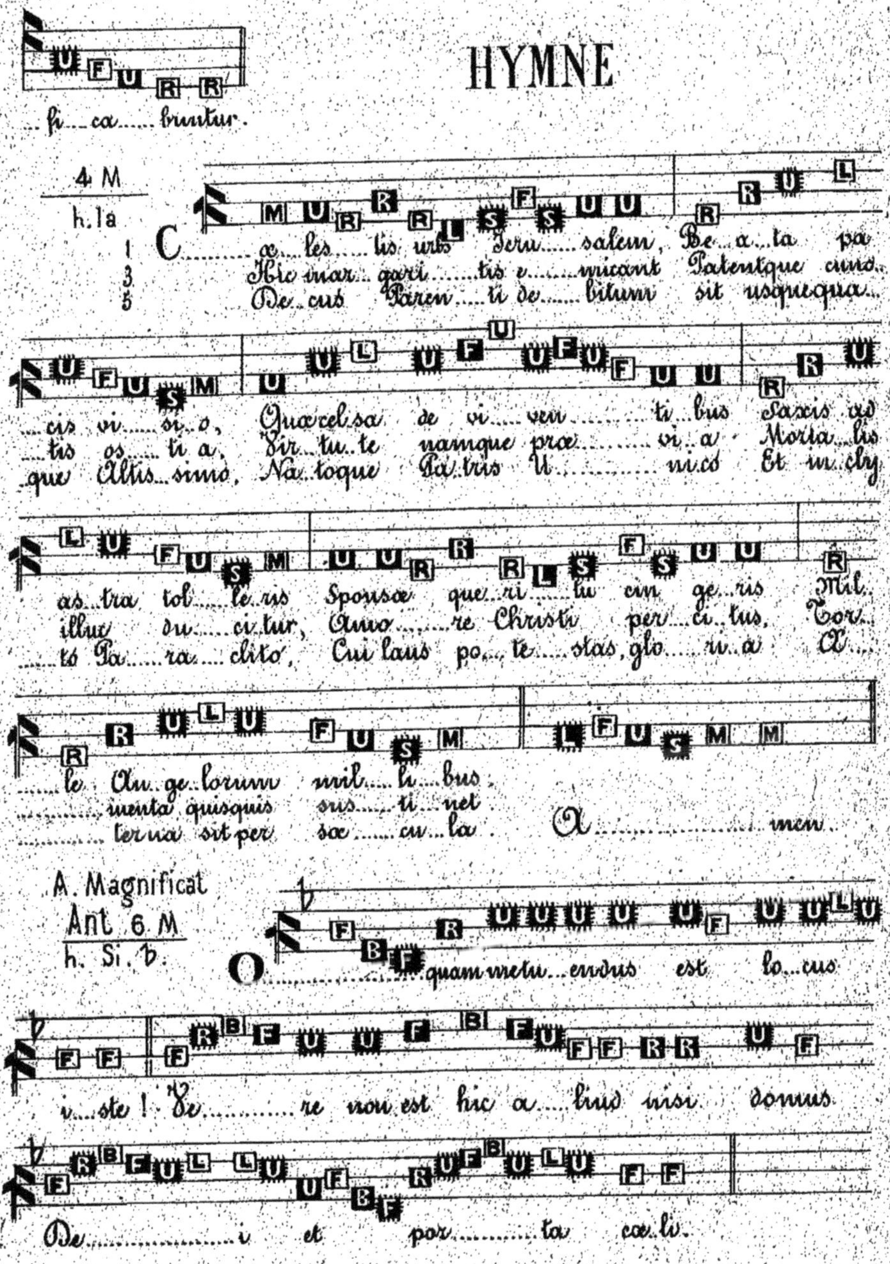

AUX VÊPRES | Verset. ab. Ré.

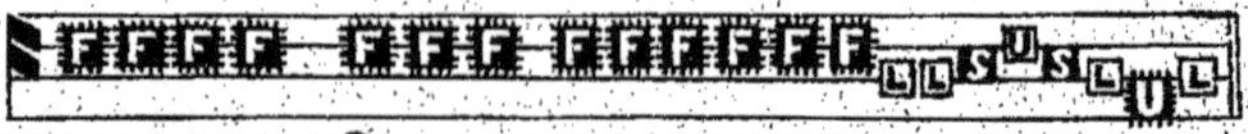

℣ Dirigatur, Domine, orati..o mea......................

℟ Sicut incen...sum in conspectu tuo ....

COMPLIES

Ant. 8M.

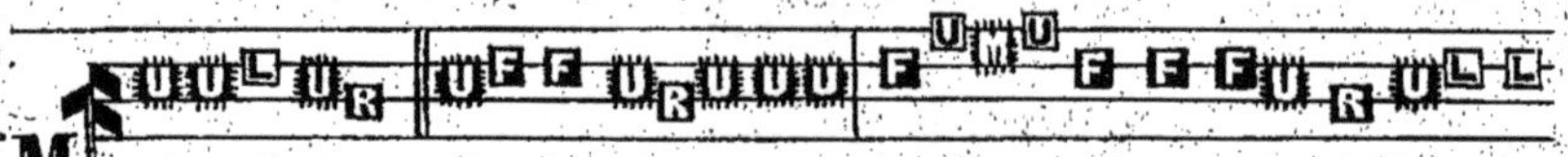

M......ise..re..re mi..hi Do.......mine, et exau..di o.....ra.....ti..o......nem

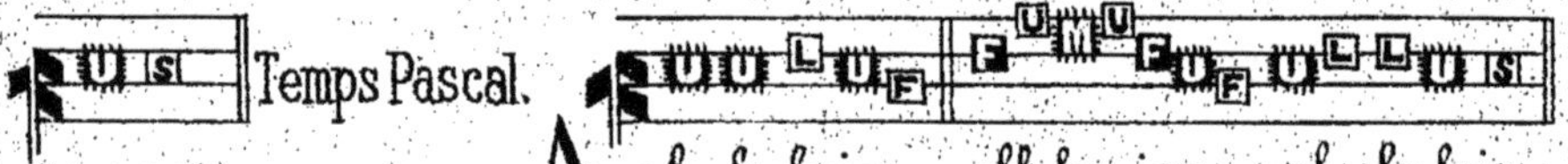

meam. Temps Pascal. A......l..le..luia, allelu...ia, al...le..luia.

HYMNE.

2 M. / h. Sol.#

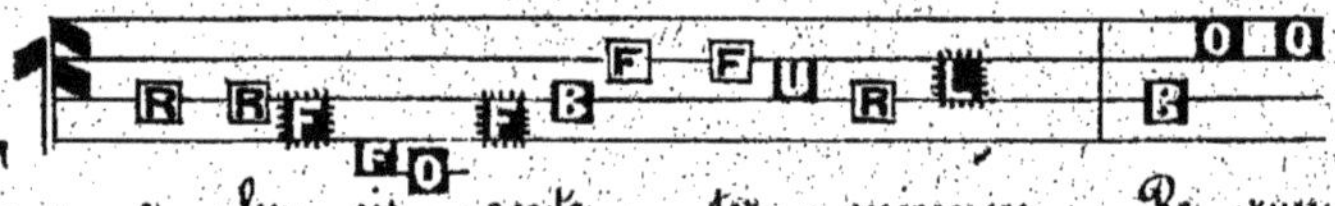

1 T.........e lu....cis ante ter.......minum, Re....rum

3 Pre....sta Pa.....ter pi.......is......si..me, Pa..tri

(3) Je....su ti.....bi sit glo.......ri..a, qui na

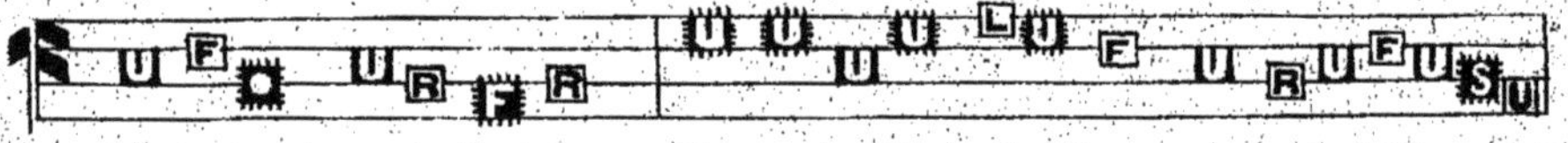

Cre..a..tor po.......scimus, Ut pro tu..a cle.....men..ti..a,

que compar U........ni..ce, cum spi...ri..tu Pa.....ra..cli..to,

......tus es de vir....gi..ne, Cum Pa..tre et al..mo Spi....ri...tu,

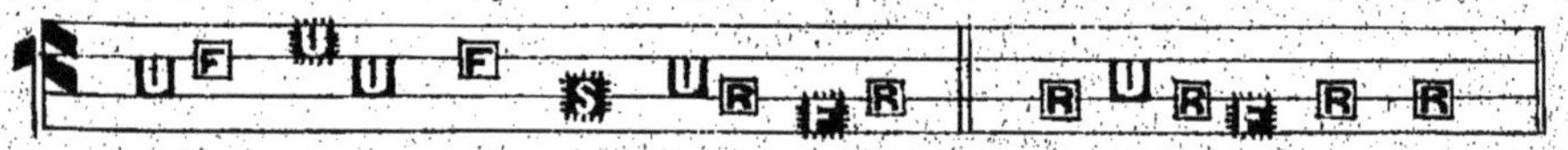

Sis presul et cu....sto.......di..a.

Re.......gnans per om....ne sæ......culum.

In sempi......ter.....na sæ.....cu..la. A...................men.

6 M. / h. la.

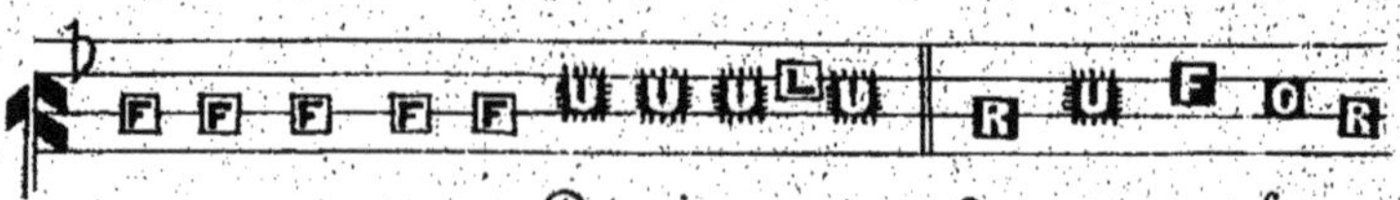

I.......n ma..nus tu..as Domine, Commendo Spiri.

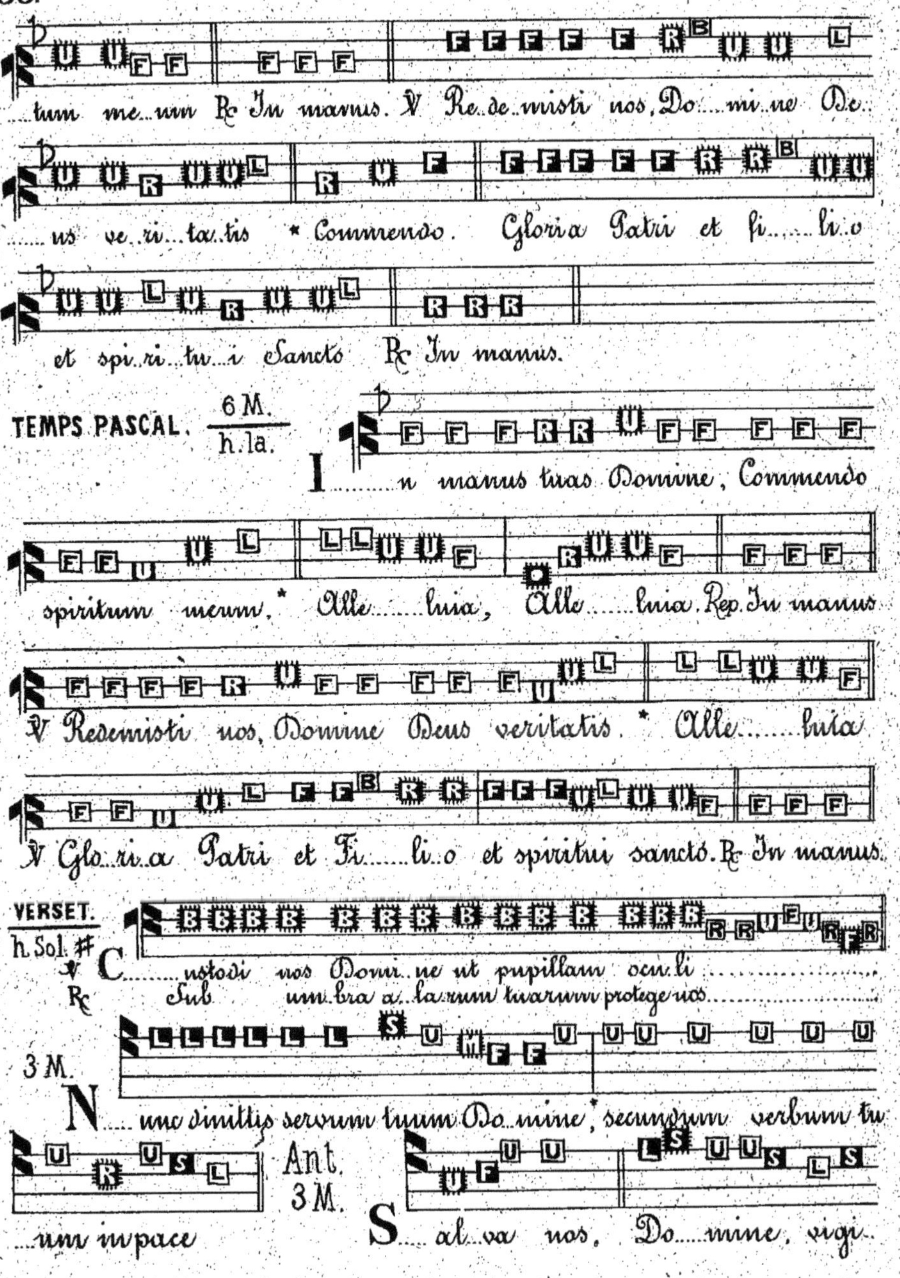
...tum me..um ℞ In manus. ℣ Re..de..misti nos, Do...mi..ne De..
...us ve..ri..ta..tis * Commendo. Gloria Patri et fi.....li..o
et spi..ri..tu..i Sancto ℞ In manus.
TEMPS PASCAL.
6 M.
h. la.
I
...n manus tuas Domine, Commendo
spiritum meum, * Alle......luia, Alle......luia Rep. In manus
℣ Redemisti nos, Domine Deus veritatis. * Alle......luia
℣ Glo..ri..a Patri et Fi.....li..o et spiritui sancto. ℞ In manus
VERSET.
h. Sol. ♯
℣ C
℞
...ustodi nos Domi..ne ut pupillam ocu..li ....
Sub um..bra a..la..rum tuarum protege nos...
3 M.
N
...unc dimittis servum tuum Do..mine,* secundum verbum tu
...um in pace
Ant.
3 M.
S
S..al..va nos, Do....mine, vigi..

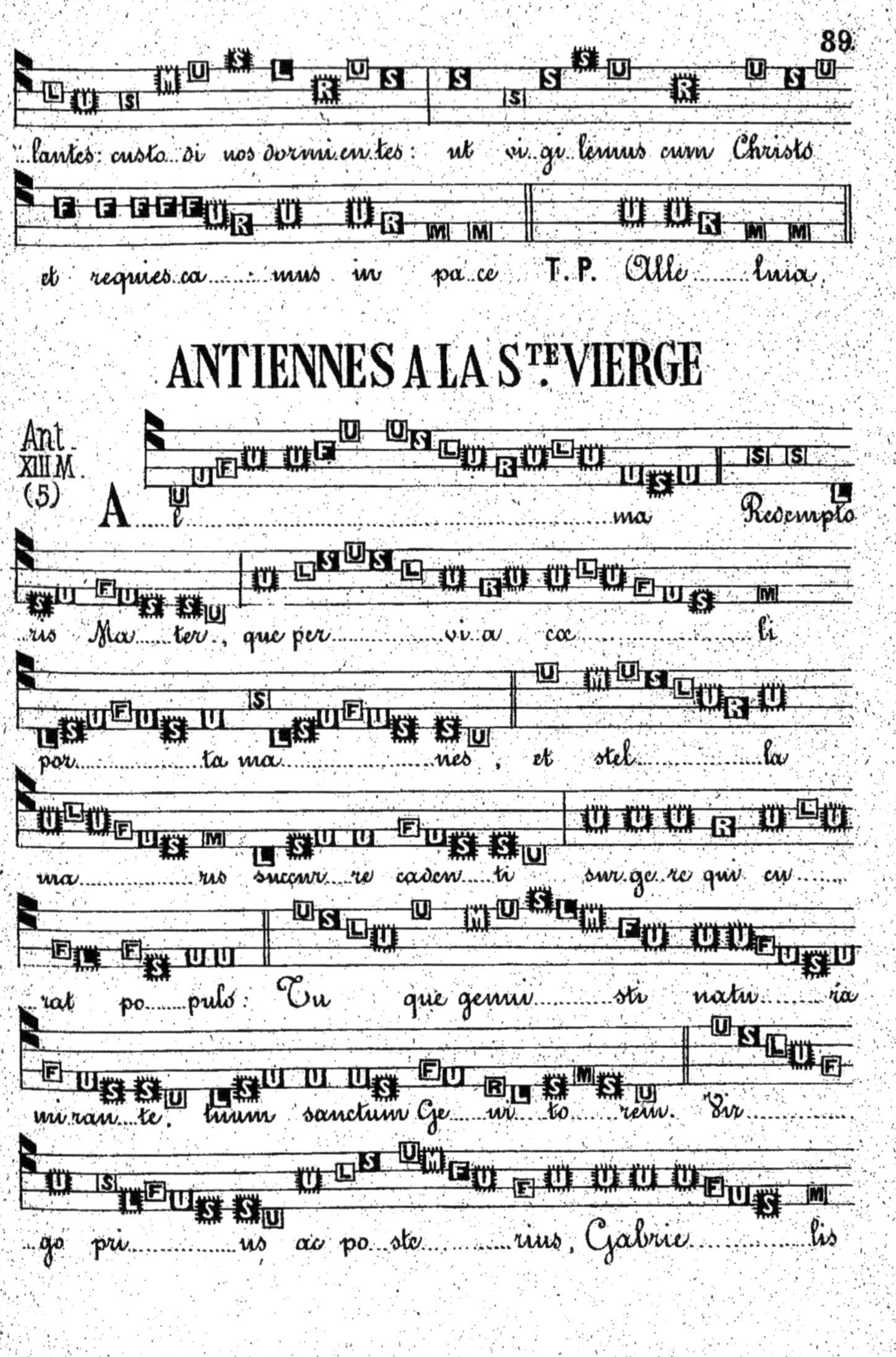
...lantes: custo..di nos dormi..en..tes: ut vi..gi..lemus cum Christo
et requies..ca..........mus in pa..ce. T. P. Alle.......luia.
ANTIENNES A LA S.te VIERGE
Ant. XIII M. (5)
A...l..............ma Redempto
ris Ma..ter, que per................vi..a cœ.............li
por...........ta ma.............nes, et stel............la
ma..........ris succur..re caden..ti sur..ge..re qui cu........
rat po......pulo: Tu que genui...........sti natu.......ra
mi..ran..te tuum sanctum Ge..ni..to..rem. Vir.........
..go pri.......us ac po..ste.........rius, Gabrie..........lis

ab o......re, sumens illud ave, peccatorum mi...se...re..re

ab.Re.

A.........l.......ma Redemptoris Mater, que pervia cœ....li

porta manes, Et Stella ma..ris succure caden..ti Surge

.....re qui curat po.....pulo Tu que genu..isti natura

mirante, tuum Sanctum Geni.to.....rem; Virgo prius ac

poste.ri.us Gabri..e.lis ab o..re Sumens illud a.....ve

peccato.rum mise...re....re.

Ant
6M.
h.Si.b.

A.........ve....Re.gi..na cœ....lo.......rum:

a.........ve Do.mina Ange...lo.......rum: Sal.........

..ve radix, sal..ve porta, Ex qua mun.....do lux est

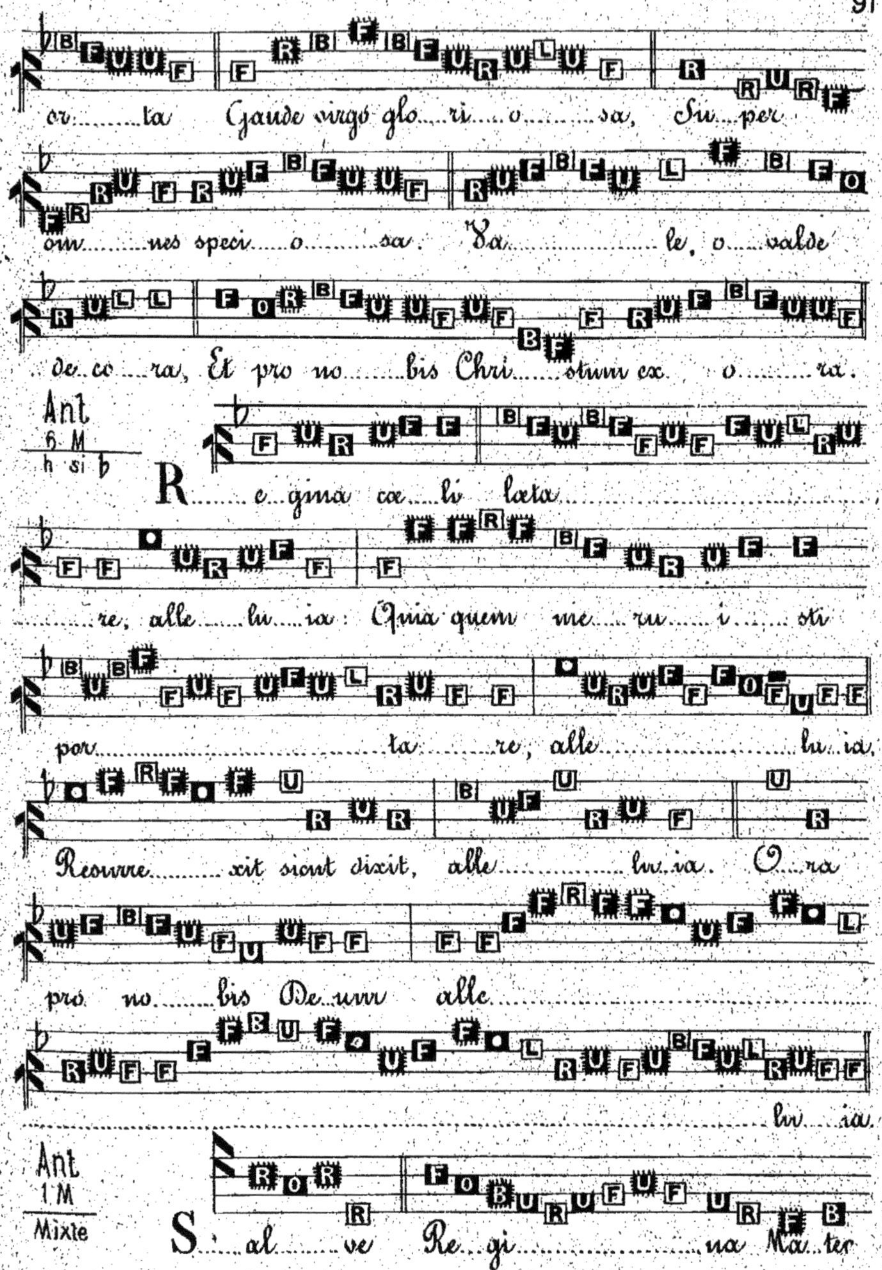
or......ta Gaude virgo glo.....ri...o.........sa, Su....per
om........nes speci....o....sa. Va........le, o valde
de..co....ra, Et pro no......bis Chri......stum ex....o....ra.
Ant
6 M
h si b
R........e..gina cæ....li læta
........re, alle....lu...ia: Quia quem me...ru...i.....sti
por.........ta....re, alle..........lu..ia.
Resurre.........xit sicut dixit, alle..............lu..ia. O...ra
pro no......bis De...um alle..............
lu...ia.
Ant
1 M
Mixte
S.....al....ve Re..gi.........na Ma..ter

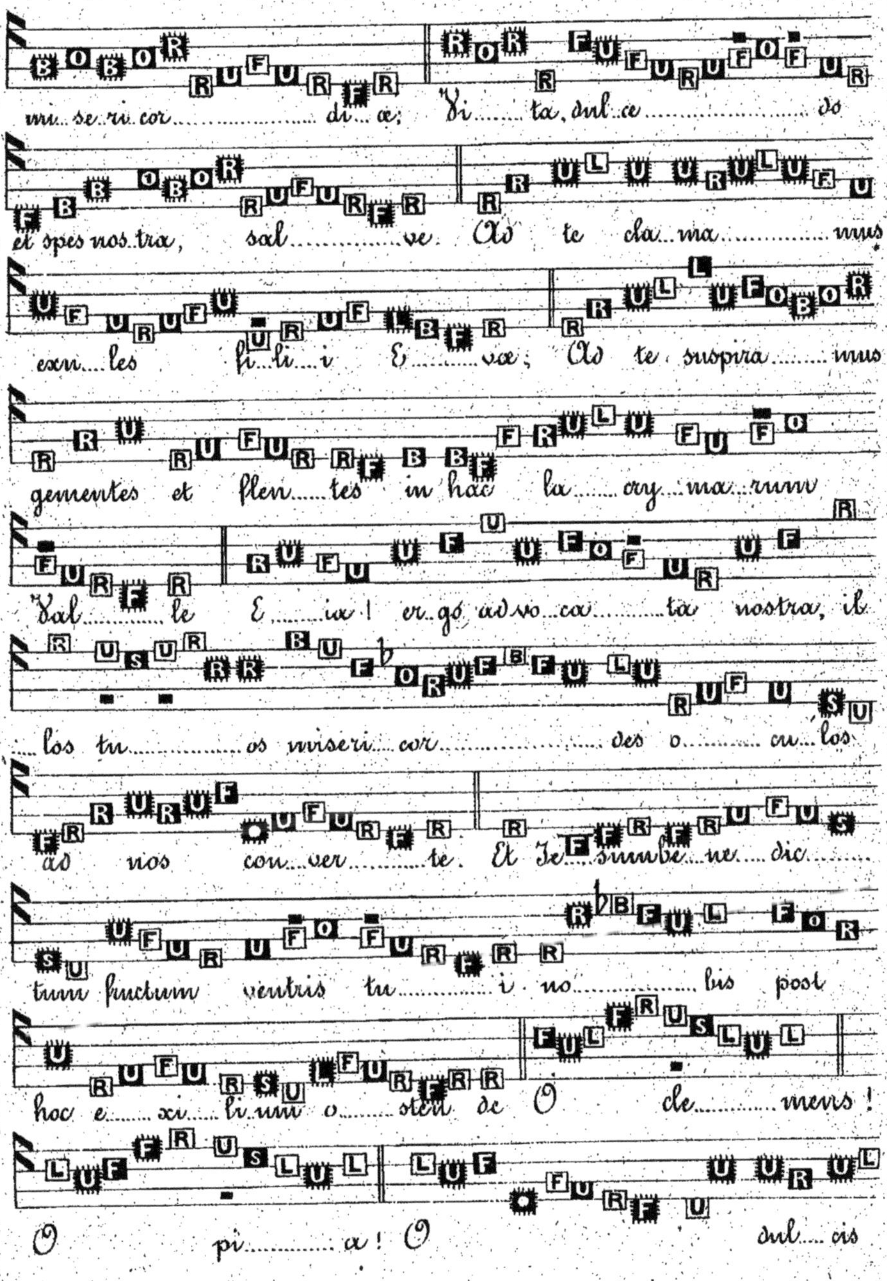

mi se ri cor... di æ; Vi ta dul ce do
et spes nos tra, sal ve. Ad te cla ma mus
exu les fi li i E væ; Ad te suspira mus
gementes et flen tes in hac la cry ma rum
Val le E ia! er go advo ca ta nostra, il
los tu os miseri cor des o cu los
ad nos con ver te Et Je sum be ne dic
tum fructum ventris tu i no bis post
hoc e xi li um o sten de O cle mens!
O pi a! O dul cis

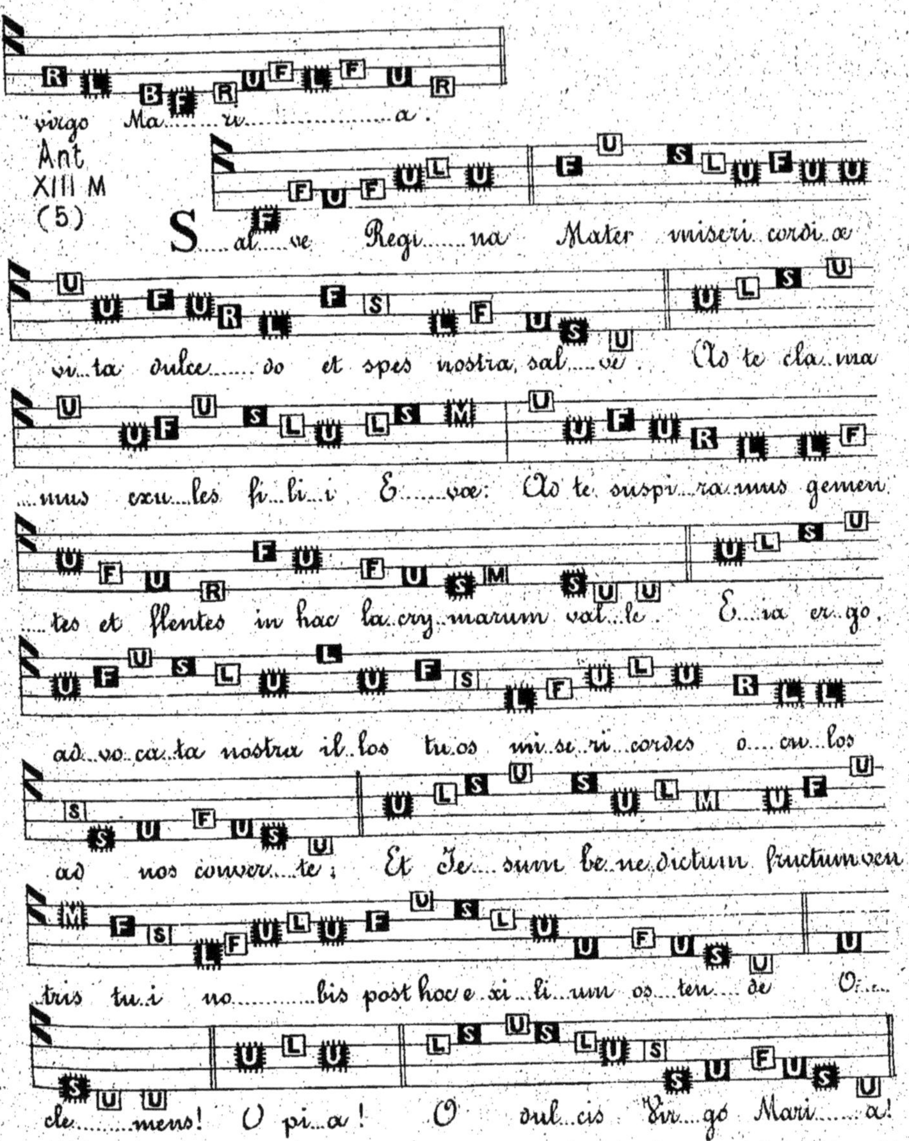

Voir un troisième Salve Regina dans la 2 ème Edition de la Méthode.

POUR L'EXPOSITION DU St SACREMENT

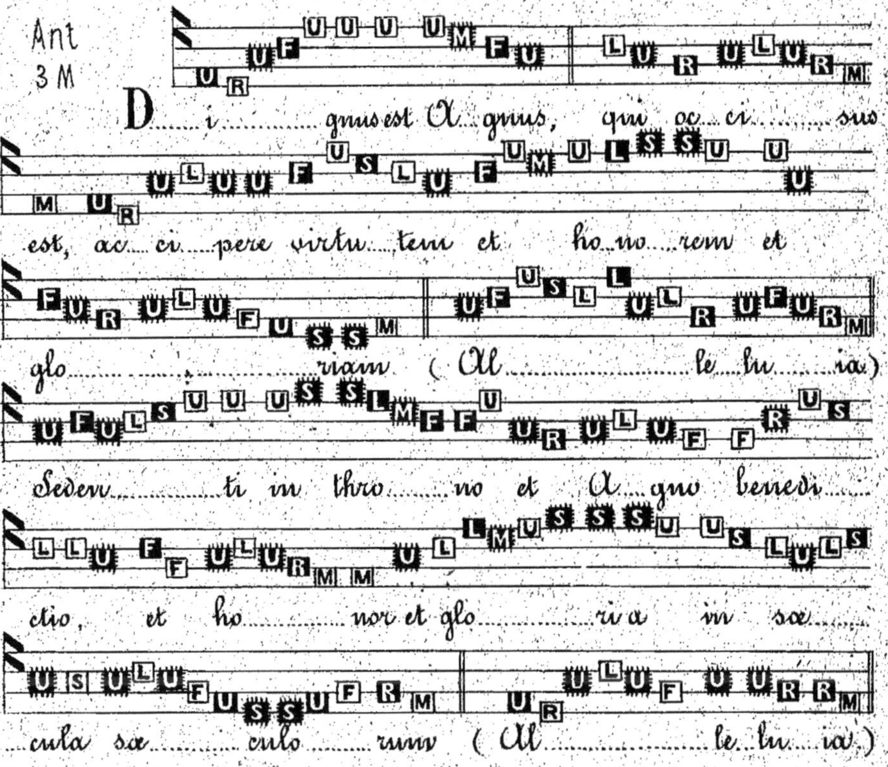

AUX BÉNÉDICTIONS DU St SACREMENT

1.º une Antienne a la Ste Vierge.

1.º une des Antiennes, Alma Redemptoris — Ave Regina — Regina cœli — Salve Regina.

San......cta Dei Geni...trix: nostras de...preca......ti...ones ne

despi.........ci...as in ne......cessi...ta...ti...bus: sed a peri...culis

cun...ctis li...be...ra nos semper vir...go glo...ri...o.........

...sa et be.........ne...dicta.

3° 6 M.
h. Si.

I......n...vi...o...la...ta in...te...gra et casta

es, Mari...a, Quae es effec......ta fulgi...da cœ...li porta: O

Mater Alma Christi ca...ris......sima! Susci...pe pia laudum

præco........vi...a. Nostra ut pura pecto...ra sint et corpo...ra:

Te nunc fla...gitant de...vo...ta corda et o...ra. Tu...a per pre...

...ca...ta dulci...so...na, Nobis nunc petres ve...nium per sæcu...

la... O beni..gna! O Re..gi..na! O Ma..ri..a! Quæ

so..la in..vi..o...la..ta per..man...si...........sti.

POUR N.S.P. LE PAPE

Ant. XIII M. (5)

Tu...............es Pe..............trus et su...per hanc

pe....tram æ..di...fi..ca.....bo Ec..cle..si..am me....am: et

portæ in...fe..ri nonprævale..bunt ad..ver...sus e........am T.P.

Al..le.....lu..ia.

Ant. 1 M.

Tu es Pastor o.........vium,

Prin...ceps A.....po.....sto......lorum: ti..bi tradi..tæ sunt

cla...ves re....gni cæ..lorum. T.P. Al..le..lu..ia.

POUR LA PAIX

Ant. 2 M. h.la.

D........a pacem Do...mine

TANTUM ERGO *voir page 66.*

APRÈS LA BÉNÉDICTION

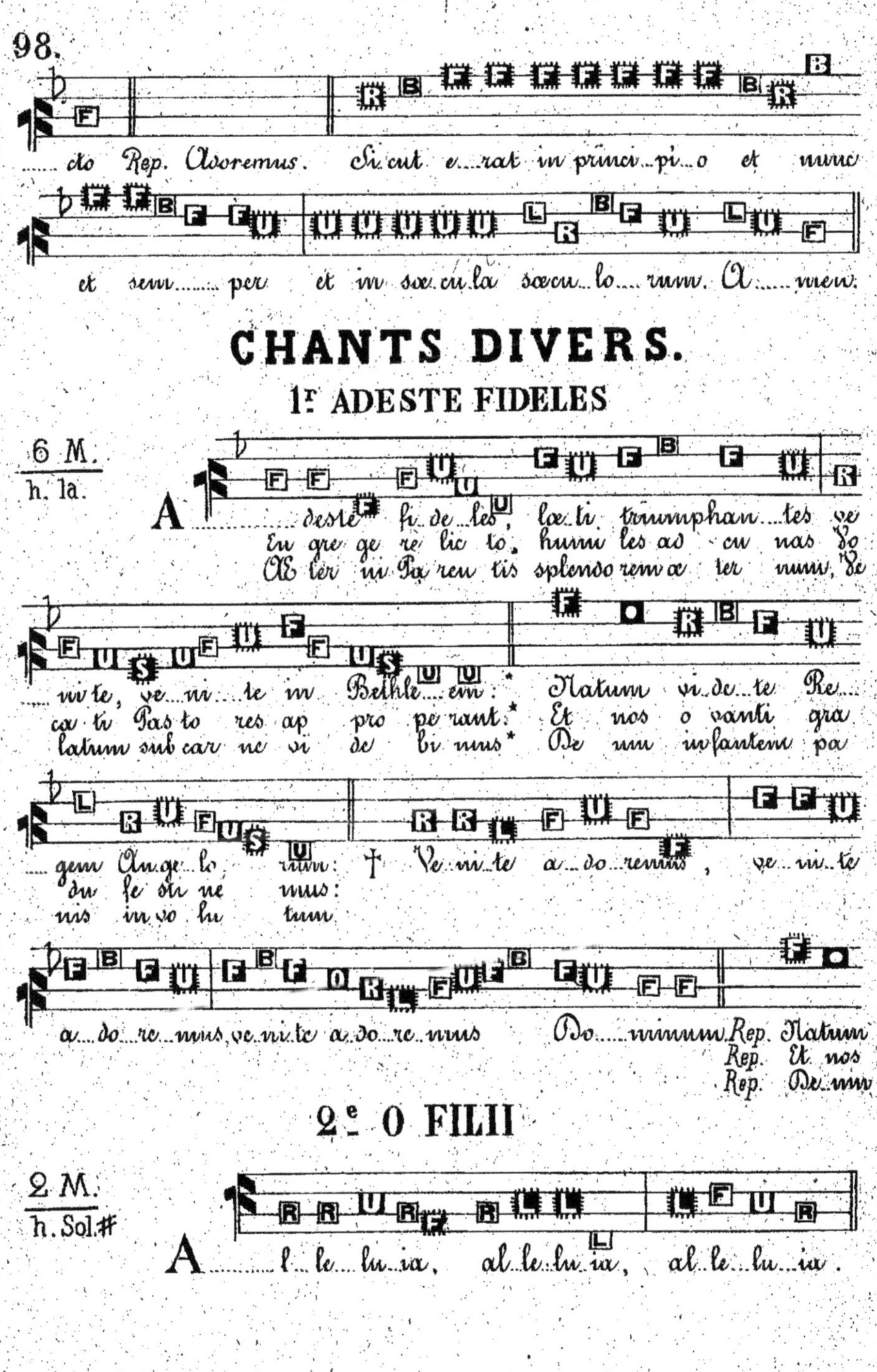

98.
.... do Rep. Adoremus. Sicut erat in princi pi o et nunc
et sem per et in sæcula sæcu lo rum. A men.

CHANTS DIVERS.

1ʳ ADESTE FIDELES

6 M.
h. la.

A deste fideles, læti triumphan tes ve
En gre ge relicto, humiles ad cu nas vo
Æ ter ni Pa ren tis splendorem æ ter num, Ve

ni te, ve ni te in Bethle em: Natum vi de te Re
ca ti Pas to res ap pro pe rant: Et nos o vanti gra
latum sub car ne vi de bi mus: De um in fantem pa

gem An ge lo rum: Ve ni te a do remus, ve ni te
du le sù ne mus:
nis in vo lu tum

a do re mus, ve ni te a do re mus Do minum. Rep. Natum
Rep. Et nos
Rep. De um

2e O FILII

2 M.
h. Sol.#

A l le lu ia, al le lu ia, al le lu ia.

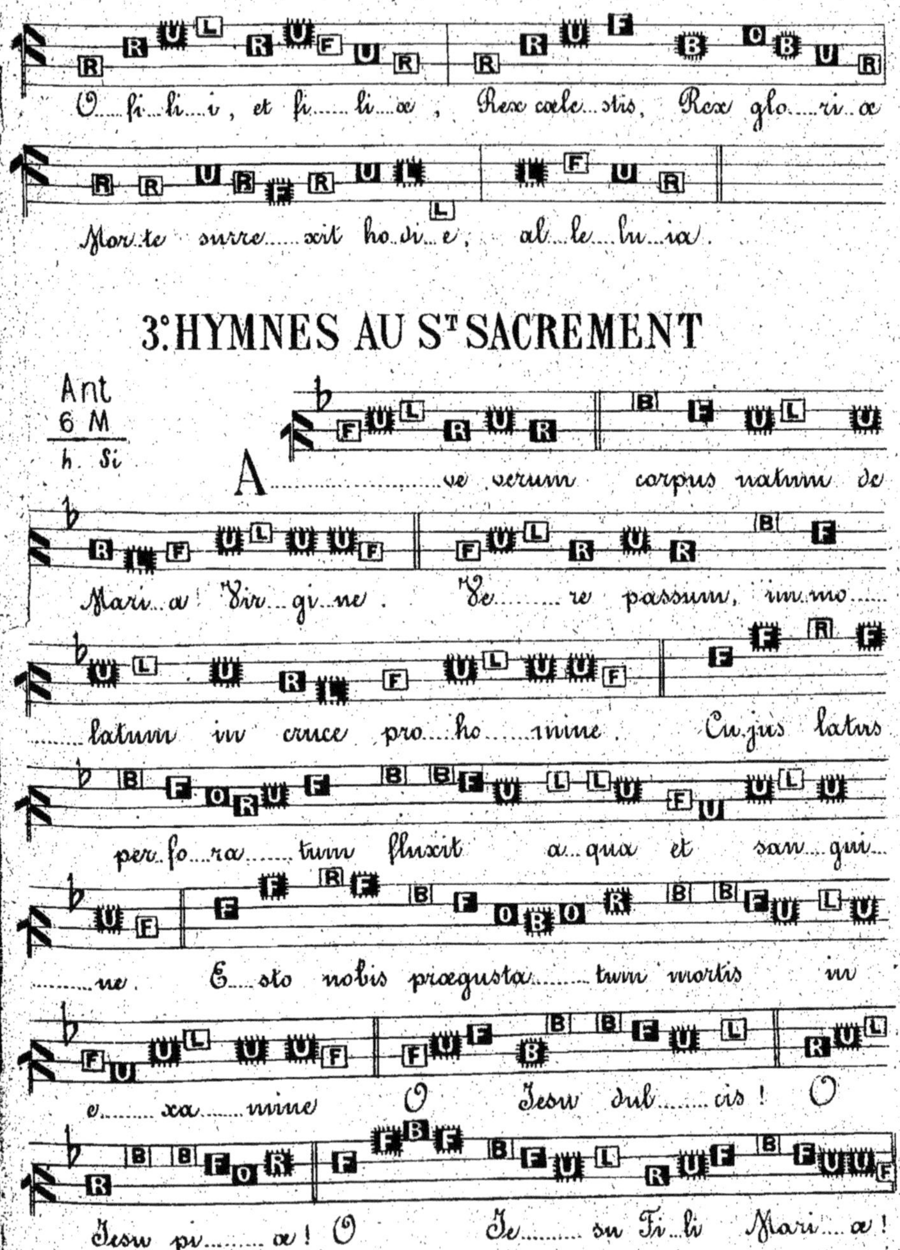

3: HYMNES AU St SACREMENT

Ant
6 M
h. Si

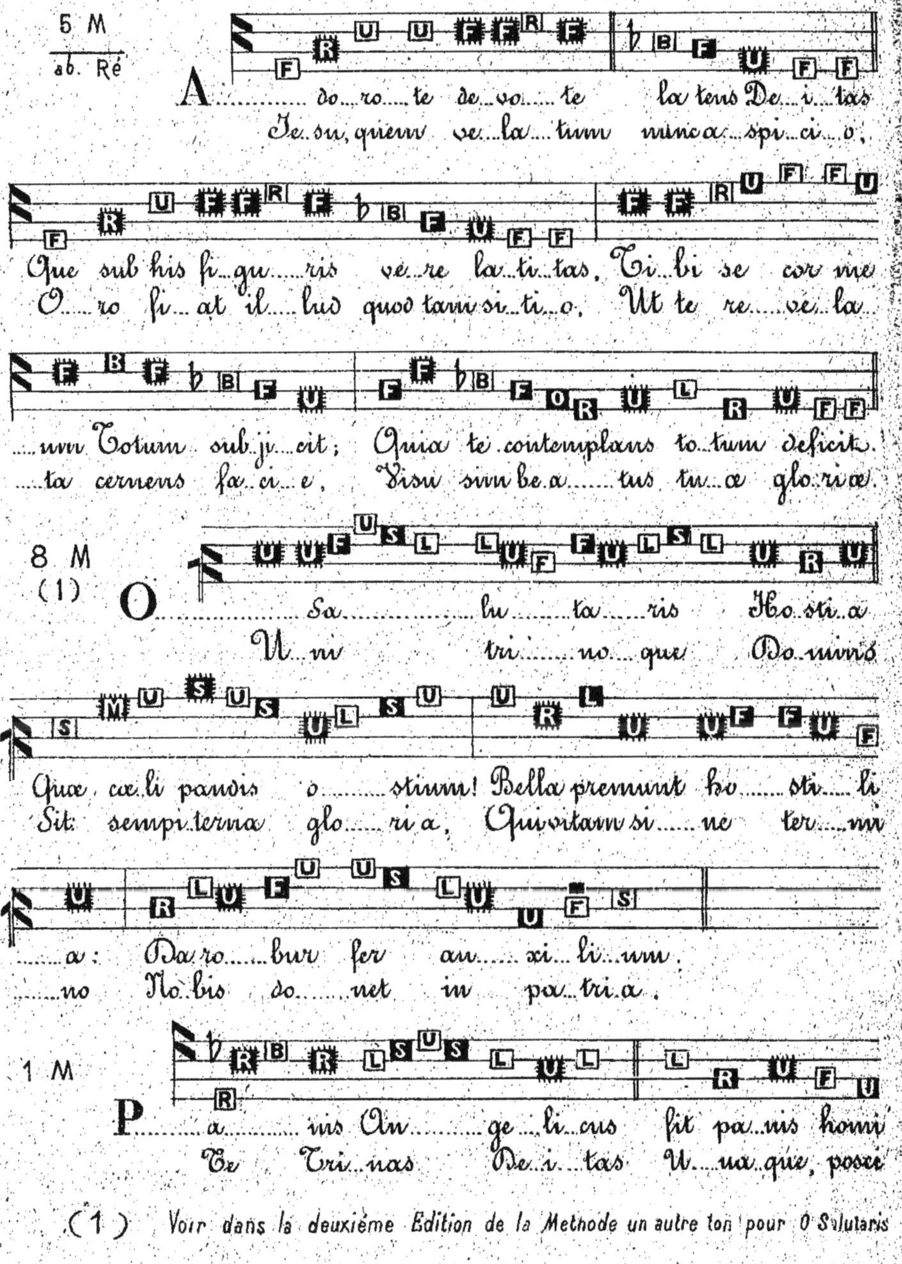

(1) Voir dans la deuxième Édition de la Méthode un autre ton pour O Salutaris

STABAT

TE DEUM.

u...ni...versæ po...te...states. Ti...bi Cherubim et Se...raphim,

in...ces...sa...bi...li vo...ce pro...clamant Sanc.....ctus, Sanc.......ctus,

Sanc.........ctus: Domi...nus Deus Sabaoth. Pleni sunt cœ...li et

ter.....ra * majesta...tis glori...æ tu...æ. Te glo...ri...o......sus, *

A...posto...lo...rum Chorus. Te Prophe...ta...rum, laudabi...lis nu...

.....merus. Te Martyrum candida.....tus * laudat e...xer...ci...tus.

Te per orbem terra...rum, * sancta confi...te...tur Ec...cle...si...æ.

Pa.............trem: * immensæ majestatis. Vene...randum tuum

ve.....rum, * et u...nicum Fi...lium. Sanctum quoque: * Para...cli

...tum Spi...ri...tum. Tu Rex glo...ri...æ: * Christe. Tu Patris.

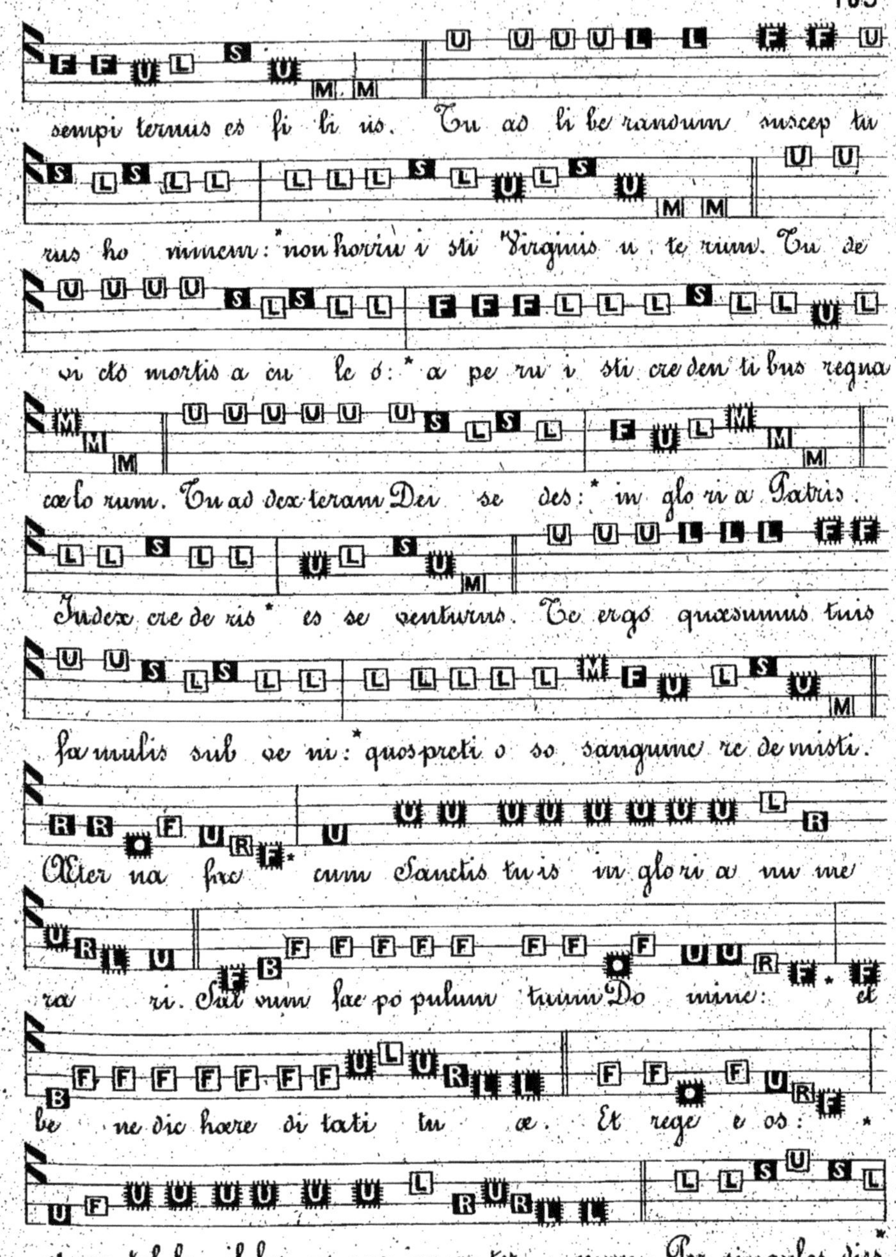
sempi ternus es fi li us. Tu ad li be randum suscep tu
rus ho minem: non horrui i sti Virginis u te rum. Tu de
vi cto mortis a cu le o: a pe ru i sti cre den ti bus regna
cœlo rum. Tu ad dex teram Dei se des: in glo ri a Patris.
Iudex cre de ris es se venturus. Te ergo quæsumus tuis
fa mulis sub ve ni: quos preti o so sanguine re de misti.
Æter na fac cum Sanctis tu is in glo ri a nu me
ra ri. Sal vum fac po pulum tuum Do mine: et
be ne dic hære di tati tu æ. Et rege e os:
et ex tol le il los us que in æ ter num. Per singulos dies.

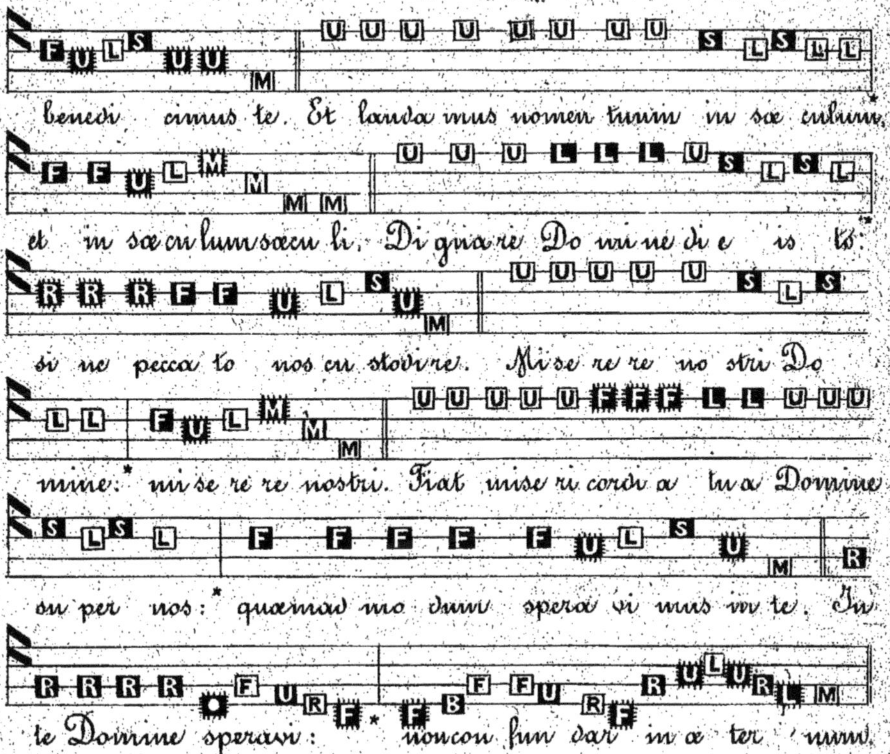

benedi cimus te. Et lauda mus nomen tuum in sæ culum,

et in sæcu lum sæcu li. Di gna re Do mi ne di e is to:

si ne pecca to nos cu stodire. Mi se re re no stri Do

mine:* mi se re re nostri. Fiat mise ri cordi a tu a Domine

su per nos:* quemad mo dum spera vi mus in te. In

te Domine speravi: noncon fun dar in æ ter num

COR JESU

6 M
h. Si

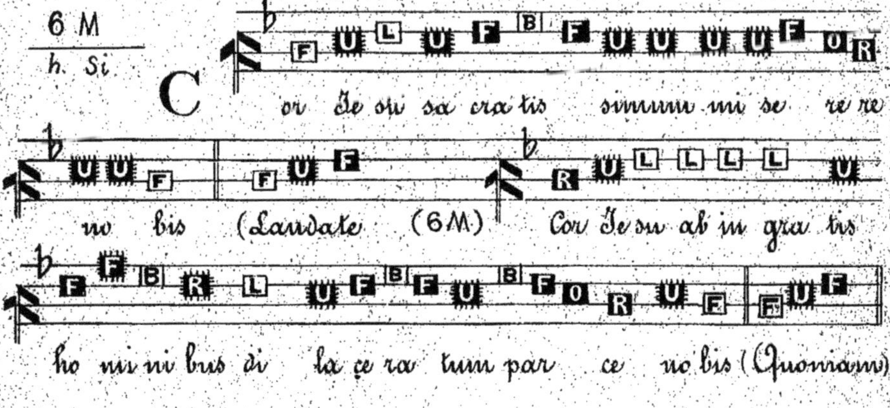

C or Je su sa cra tis simum mi se re re

no bis (Laudate (6M.) Cor Je su ab in gra tis

ho mi ni bus di la ce ra tum par ce no bis (Quoniam)

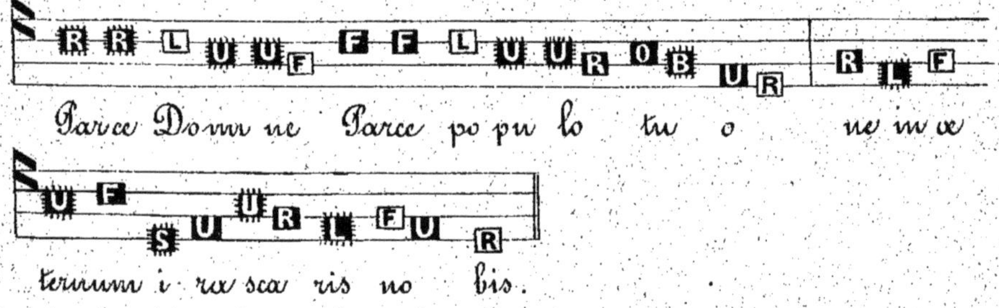

PARCE

FIN

CORDI SACRATISSIMO JESU CHRISTI

Sanctoque Cordi Immaculatæ Beatæ Mariæ Virginis

DEDICATUM

SOLI DEO HONOR ET GLORIA

ERRATA

1º ACCOMPAGNEMENT

PAGES	PORTÉES	NOTES	SYLLABES	RECTIFICATIONS
5	6	5	num	*ut*, 1ʳᵉ position
6	3	8	oth	*ré*, 3ᵉ position
16	6	7	stram	*mi*, 1ʳᵉ position
18	1	3	ta	*fa*, 2ᵉ position
18	1	14	no	*la*, 3ᵉ position
19	3	19	ci	*ut*, 3ᵉ position
25	2	8	ste	*ré*, 3ᵉ position
32	9	10	no	*fa*, 1ᵉʳ renversement
35	4	9 et 11	hoc, pres	*ut*, 3ᵉ position
47	6	13	is	*fa*, 1ʳᵉ position
61	8	15 et 17	rant, om	*fa*, 2ᵉ position
73	3	1	Je	*ut*, 1ʳᵉ position
73	3	3	ru	*ut*, 1ᵉʳ renversement
73	7	10	ce	*fa*, 2ᵉ position

2º TEXTE

Page X de la Préface, écrire *main droite* au-dessus du mot Explication sous le dessin placé entre la 3ᵉ position et de l'accord parfait ; puis écrire *main gauche* vis-à-vis, sous la note crénelée.

Page X de la Préface, mettre signes pour représenter les notes *et les accords*.

Page 71, 2ᵉ Antienne, *Responsum* au lieu de *Respondens*.

Page 72, 1ʳᵉ Antienne, *solemni* au lieu de *solemnis*.

Page 78, dernière ligne, *Extellis* au lieu de *Excelsis*.

Page 83, 5ᵉ Antienne, *filiis* au lieu de *filius*.

Page 101, 4ᵉ ligne, *Ad lucem* au lieu de *At lucem*.

Table des Matières.

__________ fin de la table. __________

9 782019 995607